Madame,

Sie sollen meine Küche loben

Essen und Trinken mit

Heinrich Heine

Essen und Trinken, Frauen und Politik – für den großen Spötter, feinsinnigen Ästheten und weltberühmten Dichter Heinrich Heine sind das die elementaren Dinge des Lebens.

Schon als kleiner Junge in Düsseldorf waren »lieblich dampfende Apfeltörtchen« seine Passion, später bevorzugte er »Liebe, Wahrheit, Freyheit und Krebssuppe«.

In diesem Buch für literarische Gourmets werden Heines Köstlichkeiten reich illustriert serviert. Gleichzeitig lädt es dazu ein, den Lebensspuren des Poeten und streitbaren Schriftstellers zu folgen.

Jean-Claude Bourgueil, der 3-Sterne-Koch aus der Heine-Stadt Düsseldorf, hat sich von Heinrich Heine inspirieren lassen und neun Gerichte für ein delikates Heine-Menue gezaubert, »wonach einem das Herzchen vor Liebe puppert«.

Madame,
Sie sollen meine Küche loben

Essen und Trinken mit *Heinrich Heine*

Mit neun Heinrich-Heine-Créationen
von Maître Jean-Claude Bourgueil

Herausgegeben von
Jan-Christoph Hauschild

Mit 75 Abbildungen

Deutscher Taschenbuch Verlag

Originalausgabe
Oktober 1997
Neuausgabe November 2005
Deutscher Taschenbuch Verlag GmbH & Co. KG, München
www.dtv.de

Rezepte: Jean-Claude Bourgueil, Düsseldorf-Kaiserwerth
Rezeptbearbeitung: Murmel Schult, Hamburg
Food-Fotos: Richard Stradtmann, Hamburg
Umschlagkonzept: Balk & Brumshagen
Umschlaggestaltung: Stephan Schöll
unter Verwendung des Gemäldes ›Wein, Weib und Gesang‹ (1839)
von Josef Danhauser
und des Portraitgemäldes ›Heinrich Heine‹ (1831)
von Moritz Daniel Oppenheim
(© Elke Walford, Hamburger Kunsthalle)
Layout und Satz: Stephan Schöll, München
Gesetzt aus der Garamond und Künstler Script
Reproduktion: Menrath Reproduktion, Weilheim i. Obb.
Druck und Bindung: Appl, Wemding
Gedruckt auf säurefreiem, chlorfrei gebleichtem Papier
Printed in Germany • ISBN 3-423-13394-5

Inhalt

Entrée 6
Köstliche Lieder 9
Laßt uns die Franzosen preisen! 10
Europäische Küchen- und Liebeskünste . . 12
Das Erwachen des deutschen Michels 18
Englische Vielfraße auf Reisen 19
Am Rhein, am schönen Strome 20
Kunst und Brot 22
Madame, Sie sollen meine Küche loben . . . 24
Die Stadt Berlin beglücken 32
Himmelswonnen 36
Mittags in der Krone 38
Ravioli bei Broggi 39
Gefrorener Champagner 40
Ein Obdach und Forellen 42
Englische Küche 46
Kalbsfüße und Patriotismus 48
Frau Wirtin von der »Roten Kuh« 52
Fisch mit zweierlei Sauçe 60
Sehnsucht nach Sauerkraut 62
Altgermanische Küche 64
Ein Wirtshaus im Trentino 66
Unterhaltung bei Tisch 70
Einladung zu famillionären Tafelfreuden . . 73
Im Vaterland des Champagners
und der Marseillaise 74
Ein Blick in das Allerheiligste 82
Meine Köchin ist ein Genie 83
Schnapper-Elles Garküche 84
Frankfurter Schalet 86
Schalet, schöner Götterfunken 89
Symbolische Speisen am Sederabend 90
Lottchens Zitronentorten 92
Hermanns Apfeltörtchen 93
Düsseldorfer Neujährchen 102
Gebratenes Eis 104
Der Geschmack eines guten
braunen Kaffees 106
Der Tee 109
Yolante und Marie 112
Im Ratskeller zu Bremen 114
Bierspezialitäten und Liebestränke 116
Erinnerungen an den
›Schaumburger Hof‹ 118
Die Wanderratten 120

Nachwort 124
Auskünfte zu Heinrich Heine 130
Der Herausgeber 136
Der Meisterkoch 138
Die Rezepte 140
Die Abbildungen 141

Entrée

Statt eines Vorworts

Jean-Claude Bourgueil, der Chef des Düsseldorfer Spitzenrestaurants »Im Schiffchen«, ist ein Kind der Touraine, jener lieblichen Landschaft an der Loire zwischen Orléanais und Poitou, Anjou und Berry, der man im 19. Jahrhundert aufgrund ihrer Fruchtbarkeit den Titel »Garten Frankreichs« verlieh.

Jean-Claude war noch keine dreizehn Jahre alt, als er in der Schule das erste Mal den Namen Heinrich Heine hörte: Ein deutscher Dichter, geboren in Düsseldorf, gestorben in Paris. Ein deutsch-französischer Dichter, dessen romantisch-satirisch-arabeskes Versepos vom Leben und Tod des Tanzbären Atta Troll aus den schwarzen Pyrenäenwäldern auf dem Programm des Deutschunterrichts stand. Und dieses Bärendrama war mit einer Leichtigkeit und Phantastik erzählt, die man in Frankreich einem deutschen Dichter nimmermehr zugetraut hätte. Die Verbindung von Mondschein, Trommelklang und Veilchenduft war hier in einer Weise gelungen, die daran zweifeln ließ, daß des Verfassers Heimat wirklich jenes »Land der Rätsel und der Schmerzen« war, »der Eichen und des Stumpfsinns«, wie Heine mehr als einmal in düsterer Stimmung stoßseufzte.

Vier Jahrzehnte später sind sich der deutsche Dichter und der Spitzenkoch von der Loire wiederbegegnet - und zwar wiederum über Lektüre. Diesmal allerdings galt es nicht mehr und nicht weniger als das Gesamtwerk zu durchforsten: Der Herausgeber als literarisches Trüffelschwein. Heines Texte über Essen und Trinken, über Hunger und Appetit, europäische Küchen- und Liebeskünste haben Jean-Claude Bourgueil amüsiert, inspiriert und ihn schließlich neun Rezepte preisgeben lassen, die vormals zu den bestgehüteten Geheimnissen seiner Kaiserswerther Küche zählten.

Gewiß, wie man es anstellen muß, um so innig bekocht und üppig geliebt zu werden wie einstmals Heine, das herauszufinden bleibt Sache eines jeden selbst. Wer es selbst versuchen will, der findet hier wenigstens eine Handvoll Rezepturen für die Bereitung höchster kulinarischer Genüsse: Zur Schärfung der Sinne oder auch nur zur Anregung für kreatives Kochen.

Die Geschmackswissenschaft, wie jedermann weiß, ist eine sehr esoterische Kunst. Wahrheit ist hier nicht zu finden. Was Geschmack ist, wissen wir bis heute nicht. Aber was gutes Essen ist, das wissen wir, und noch besser wissen wir, was schlechtes Essen ist, denn davon kommt uns jeden Tag eine größere Menge vor Augen und manchmal leider auch auf den Tisch. Jean-Claude Bourgueil zeigt, daß es auch anders geht: mit Hummer, Austern und Kaviar; mit Kalbsfuß, Sauerbraten und Forellen; mit Kartoffeln und Suppengrün. Das Lernziel heißt Kreativität. Nur Mut! Was Heine dazu gesagt hätte? Keine Ahnung. Oder vielleicht dieses:

»Schütz' Euch Gott vor Überhitzung
Allzustarke Herzensklopfung,
Allzuriechbarliche Schwitzung,
Und vor Magenüberstopfung.«

Köstliche Lieder

Ich wollte meine Lieder
Das wären Blümelein,
Ich schickte sie zum riechen
Der Herzallerliebsten mein.

Ich wollte meine Lieder,
Das wären Küsse fein,
Ich schickte sie heimlich alle
Nach Liebchens Wängelein.

Ich wollte meine Lieder
Das wären Erbsen klein,
Ich kocht' eine Erbsensuppe,
Die sollte köstlich seyn.

Aus dem Umkreis
des »Buch der Lieder«

Laßt uns die

Laßt uns die Franzosen preisen! sie sorgten für die zwey größten Bedürfnisse der menschlichen Gesellschaft, für gutes Essen und bürgerliche Gleichheit, in der Kochkunst und in der Freyheit haben sie die größten Fortschritte gemacht, und wenn wir einst alle, als gleiche Gäste, das große Versöhnungsmahl halten, und guter Dinge sind, - denn was gäbe es Besseres als eine Gesellschaft von Pairs an einem gutbesetzten Tische? - dann wollen wir den Franzosen den ersten Toast darbringen. Es wird freylich noch einige Zeit dauern, bis dieses Fest gefeyert werden kann, bis die Emanzipazion durchgesetzt seyn wird; aber sie wird doch endlich kommen, diese Zeit, wir werden, versöhnt und allgleich, um denselben Tisch sitzen; wir sind dann vereinigt, und kämpfen vereinigt gegen andere Weltübel, vielleicht am Ende gar gegen den Tod - dessen ernstes Gleichheitssystem uns wenigstens nicht so sehr beleidigt, wie die lachende Ungleichheitslehre des Aristokratismus.

Reise von München nach Genua

Franzosen preisen!

Europäische Küchen -

Jedes Land hat seine besondere Küche und seine besondere Weiblichkeiten, und hier ist alles Geschmacksache. Der Eine liebt gebratene Hühner, der Andere gebratene Enten; was mich betrifft, ich liebe gebratene Hühner und gebratene Enten und noch außerdem gebratene Gänse. Von hohem idealischen Standpunkte betrachtet, haben die Weiber überall eine gewisse Aehnlichkeit mit der Küche des Landes. Sind die britischen Schönen nicht eben so gesund, nahrhaft, solide, konsistent, kunstlos und doch so vortrefflich wie Altenglands einfach gute Kost: Rostbeaf, Hammelbraten, Pudding in flammendem Cogniac, Gemüse in Wasser gekocht, nebst zwey Saucen, wovon die eine aus gelassener Butter besteht?

und Liebeskünste

Da lächelt kein Frikassé, da täuscht kein flatterndes *Vol-au-vent*, da seufzt kein geistreiches Ragout, da tändeln nicht jene tausendartig gestopften, gesottenen, aufgehüpften, gerösteten, durchzückerten, pikanten, deklamatorischen und sentimentalen Gerichte, die wir bei einem französischen Restaurant finden, und die mit den schönen Französinnen selbst die größte Aehnlichkeit bieten! Merken wir doch nicht selten, daß bey diesen ebenfalls der eigentliche Stoff nur als Nebensache betrachtet wird, daß der Braten selber manchmal weniger werth ist als die Sauce, daß hier Geschmack, Grazie und Eleganz die Hauptsache sind. Italiens gelbfette, leidenschaftgewürzte, humoristisch garnirte, aber doch schmachtend idealische Küche trägt ganz den Charakter der

italienischen Schönen. O, wie sehne ich mich manchmal nach den lombardischen Stuffados, nach den Tagliarinis und Brokolis des holdseligen Toskana! Alles schwimmt in Oehl, träge und zärtlich, und trillert Rossinis süße Melodieen, und weint vor Zwiebelduft und Sehnsucht ! Den Makaroni mußt du aber mit den Fingern essen, und dann heißt er: Beatrice!

Nur gar zu oft denke ich an Italien und am öftersten des Nachts. Vorgestern träumte mir: ich befände mich in Italien und sey ein bunter Harlekin und läge, recht faulenzerisch unter einer Trauerweide. Die herabhängenden Zweige dieser Trauerweide waren aber lauter Makaroni, die mir lang und lebendig bis ins Maul hineinfielen; zwischen diesem Laubwerk von Makaroni flossen, statt Sonnenstrahlen, lauter gelbe Butterströme, und endlich fiel von oben herab ein weißer Regen von geriebenem Parmesankäse.

Ach! von geträumtem Makaroni wird man nicht satt - Beatrice!

Von der deutschen Küche kein Wort. Sie hat alle möglichen Tugenden und nur einen einzigen Fehler; ich sage aber nicht welchen. Da giebts gefühlvolles, jedoch unentschlossenes Backwerk, verliebte Eyerspeisen, tüchtige Dampfnudeln, Gemüthssuppe mit Gerste, Pfannkuchen mit Aepfel und Speck, tugendhafte Hausklöse, Sauerkohl - wohl dem, der es verdauen kann.

Was die holländische Küche betrifft, so unterscheidet sie sich von letzterer, erstens durch die Reinlichkeit, zweitens durch die eigentliche Leckerheit. Besonders ist die Zubereitung der Fische unbeschreibbar liebenswürdig. Rührend inniger, und doch zugleich tiefsinnlicher Sellerieduft. Selbstbewußte Naivität und Knoblauch. Tadelhaft jedoch ist es, daß sie Unterhosen von Flannel tragen; nicht die Fische, sondern die schönen Töchter des meerumspülten Hollands.

Aus den Memoiren des
Herren von Schnabelewopski

Geräucherter Saibling mit Sellerie-Apfelsalat und Meerrettichcreme

Für 4 Portionen:

4 Saiblinge (à ca. 300 g)
Salz • Pfeffer (a. d. Mühle) •
200 g Knollensellerie
32 große Liebstöckelblätter
2 Äpfel (z. B. Granny Smith)
1/2 Stange Meerrettich
2 El Ascorbinsäure
200 ml Fischfond
1 Eigelb • 1 El Zitronensaft
1 - 1 1/2 El Dijon-Senf
150 ml Öl

... rührend inniger, und doch

Die Saiblinge längs halbieren, sauber entgräten, parieren, mit Salz würzen. Jeweils 4 Filets in einem Räuchertopf (gibt es beim Anglerbedarf) auf dem Herd über Buchenmehl etwa 5 Minuten räuchern. Alle Filets im Topf beiseite stellen.

Für die Meerrettichcreme das Eigelb mit 1 Msp. Salz, Zitronensaft und etwas Senf cremig schlagen. Das Öl zuerst tropfenweise, dann in dünnem Strahl unterschlagen, bis eine dicke Mayonnaise entstanden ist.

Den Meerrettich schälen, fein reiben und mit 1 El Ascorbinsäure mischen. Dann im Mixer mit 125 ml Fond fein pürieren. Unter die Mayonnaise rühren, mit Salz, Pfeffer und restlichem Senf würzen, durch ein Spitzsieb

zugleich tiefsinnlicher Sellerieduft

passieren. Für den Salat den Sellerie und die Äpfel schälen und in gleichmäßig feine Juliennes schneiden.

Mit 1 El Ascorbin bestreuen und mit gut der Hälfte der Meerrettichcreme mischen. Mit Salz und Pfeffer würzen. Die restliche Creme mit dem restlichen Fischfond zu einer glatten Sauce verrühren.

Die Saiblingfilets häuten, 4 Filets auf Servierplatten legen. Den Salat auf den Filets verteilen, mit den restlichen Filets abdecken . Mit dem Liebstöckel garnieren, mit der Sauce beträufeln und servieren.

Das Erwachen des deutschen Michels

Erleuchtung

Michel! fallen dir die Schuppen
Von den Augen? Merkst du itzt,
Daß man dir die besten Suppen
Vor dem Maule wegstibitzt?

Als Ersatz ward dir versprochen
Reinverklärte Himmelsfreud'
Droben, wo die Engel kochen
Ohne Fleisch die Seligkeit!

Michel! wird dein Glaube schwächer
Oder stärker dein App'tit?
Du ergreifst den Lebensbecher
Und du singst ein Heidenlied!

Michel! fürchte nichts und labe
Schon hienieden deinen Wanst,
Später liegen wir im Grabe
Wo du still verdauen kannst.

Neue Gedichte

Englische Vielfraße auf Reisen

Einer meiner Freunde, welcher jüngst aus Frankreich kam, behauptete, die Engländer bereisten den Continent aus Verzweiflung über die plumpe Küche ihrer Heimath; an den französischen Table-d'hôten sähe man dicke Engländer, die nichts als Vol-au-Vents, Crème, Süprèms, Ragouts, Gelees und dergleichen luftige Speisen verschluckten, und zwar mit jenem kolossalen Appetite, der sich daheim an Rostbeefmassen und Yorkshyrer Plumpudding geübt hatte, und wodurch am Ende alle französische Gastwirthe zu Grunde gehen müssen. Ist etwa wirklich die Exploitazion der Table-d'hôten der geheime Grund weßhalb die Engländer herumreisen? Während wir über die Flüchtigkeit lächeln, womit sie überall die Merkwürdigkeiten und Gemäldegallerien ansehen, sind sie es vielleicht, die uns mystifiziren, und ihre belächelte Neugier ist nichts als ein pfiffiger Deckmantel für ihre gastronomischen Absichten?

Ludwig Börne. Eine Denkschrift

Am Rhein, am schönen Strome

Das Licht der Welt erblickte ich an den Ufern jenes schönen Stromes, wo auf grünen Bergen die Thorheit wächst und im Herbste gepflückt, gekeltert, in Fässer gegossen und ins Ausland geschickt wird - Wahrhaftig, gestern bey Tische hörte ich Jemanden eine Thorheit sprechen, die Anno 1811 in einer Weintraube gesessen, welche ich damals selbst auf dem Johannisberge wachsen sah. - Viel Thorheit wird aber auch im Lande selbst consumirt, und die Menschen dort sind wie überall: - sie werden geboren, essen, trinken, schlafen, lachen, weinen, verläumden, sind ängstlich besorgt um die Fortpflanzung ihrer Gattung, suchen zu scheinen, was sie nicht sind, und zu thun, was sie nicht können, lassen sich nicht eher rasiren, als bis sie einen Bart haben, und haben oft einen Bart, ehe sie verständig sind, und wenn sie verständig sind, berauschen sie sich wieder mit weißer und rother Thorheit.

Mon dieu! wenn ich doch so viel Glauben in mir hätte, daß ich Berge versetzen

könnte - der Johannisberg wäre just derjenige Berg, den ich mir überall nachkommen ließe. Aber da mein Glaube nicht so stark ist, muß mir die Phantasie helfen, und sie versetzt mich selbst nach dem schönen Rhein.

O, da ist ein schönes Land, voll Lieblichkeit und Sonnenschein. Im blauen Strome spiegeln sich die Bergesufer mit ihren Burgruinen und Waldungen und alterthümlichen Städten - Dort vor der Hausthür' sitzen die Bürgersleute des Sommerabends, und trinken aus großen Kannen, und schwatzen vertraulich: wie der Wein, Gottlob! gedeiht, und wie die Gerichte

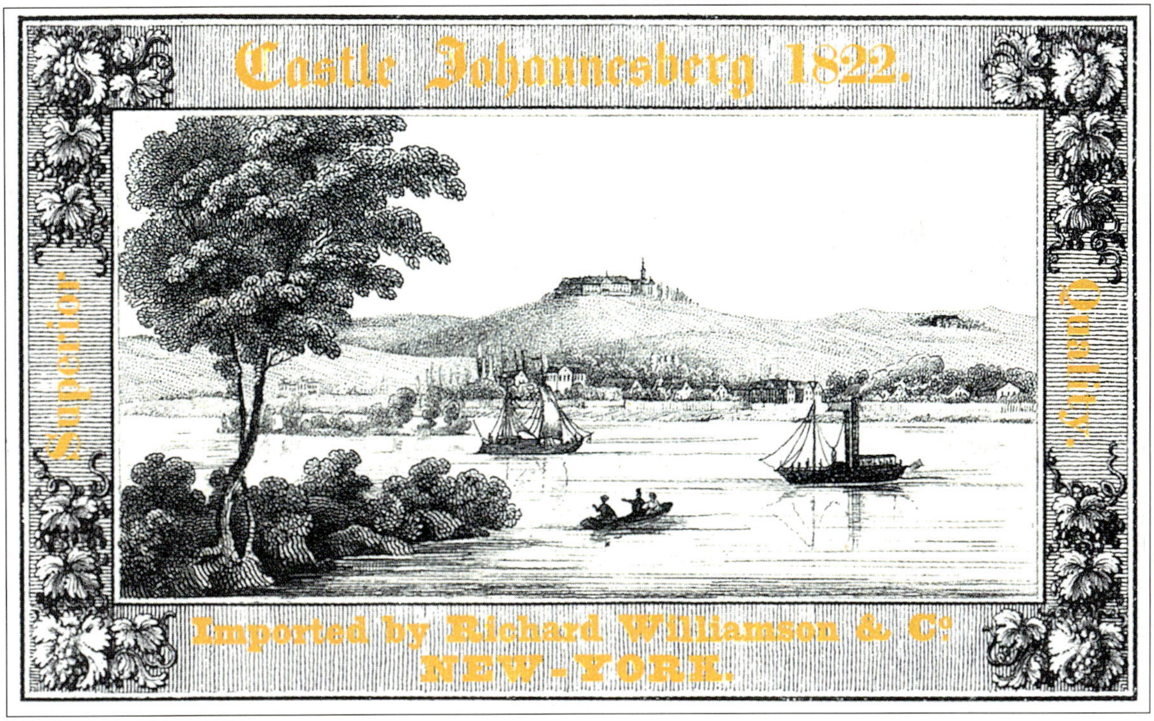

durchaus öffentlich seyn müssen, und wie die Maria Antoinette so mir nichts dir nichts guillotinirt worden, und wie die Tabaksregie den Tabak vertheuert, und wie alle Menschen gleich sind, und wie der Görres ein Hauptkerl ist.

Ideen. Das Buch Le Grand

Kunst und Brot

Gaben mir Rath und gute Lehren,
Ueberschütteten mich mit Ehren,
Sagten, daß ich nur warten sollt',
Haben mich protegiren gewollt.

Aber bei all ihrem Protegiren,
Hätte ich können vor Hunger krepiren,
Wär' nicht gekommen ein braver Mann,
Wacker nahm er sich meiner an.

Braver Mann! Er schafft mir zu essen!
Will es ihm nie und nimmer vergessen!
Schade, daß ich ihn nicht küssen kann!
Denn ich bin selbst dieser brave Mann.

Buch der Lieder

Colla

Madame, Sie sollen

Sie haben leicht reden, Madame, wenn Sie mich an das Horazische *nonum prematur in annum* erinnern. Diese Regel mag, wie manche andere der Art, sehr gut in der Theorie gelten, aber in der Praxis taugt sie nichts. Als Horaz dem Autor die berühmte Regel gab, sein Werk neun Jahre im Pult liegen zu lassen, hätte er ihm auch zu gleicher Zeit das Recept geben sollen, wie man neun Jahre ohne Essen zubringen kann. Als Horaz diese Regel ersann, saß er vielleicht an der Tafel des Mäcenas und aß Truthähne mit Trüffeln, Fasanenpudding in Wildpretsauce, Lerchenrippchen mit teltower Rübchen, Pfauenzungen, indianische Vogelnester, und Gott weiß! was noch mehr, und alles umsonst. Aber wir, wir unglücklichen Spätgebornen, wir leben in einer andern Zeit, unsere Mäcenaten haben ganz andere Prinzipien, sie glauben, Autoren und Mispeln gedeihen am besten, wenn sie einige Zeit auf dem Stroh liegen, sie glauben, die Hunde taugten nicht auf der Bilder- und Gedankenjagd, wenn sie zu dick gefüttert würden, ach! und wenn sie ja mahl einen armen Hund füttern, so ist es der unrechte, der die Brocken am wenigsten verdient, z.B. der Dachs, der die Hand leckt, oder der winzige Bologneser, der sich in den duftigen Schooß der Hausdame zu schmiegen weiß, oder der geduldige Pudel, der eine Brodwissenschaft gelernt und apportiren, tanzen und trommeln kann - Während ich dieses schreibe, steht hinter mir mein kleiner Mops und bellt - Schweig nur, Ami, dich hab' ich nicht gemeint, denn du liebst mich und begleitest deinen Herrn in Noth und Gefahr und würdest sterben auf seinem Grabe, eben so treu wie mancher andere deutsche Hund, der in die Fremde verstoßen, vor den Thoren Deutschlands liegt und hungert und wimmert - Entschuldigen Sie, Madame, daß ich eben abschweifte, um meinem armen Hunde eine Ehrenerklärung zu geben, ich komme wieder auf die horazische Regel und ihre Unanwendbarkeit im neunzehnten Jahrhundert, wo die Poeten das Schürzenstipendium der Muse nicht entbehren können - *Ma foi*, Madame! ich könnte es keine 24 Stunden, viel weniger neun Jahre aushalten, mein Magen hat wenig Sinn für Unsterblichkeit, ich hab' mir's überlegt, ich will nur halb unsterblich und ganz satt werden, und wenn Voltaire dreyhundert Jahre seines ewigen Nachruhms für eine gute

meine Küche loben

Verdauung des Essens hingeben möchte, so biete ich das Doppelte für das Essen selbst. Ach! und was für schönes, blühendes Essen giebt es auf dieser Welt! Der Philosoph Pangloß hat Recht: es ist die beste Welt! Aber man muß Geld in dieser besten Welt haben, Geld in der Tasche und nicht Manuskripte im Pult. Der Wirth im König von England, Herr Marr, ist selbst Schriftsteller und kennt auch die horazische Regel, aber ich glaube nicht, daß er mir, wenn ich sie ausüben wollte, neun Jahr' zu essen gäbe.

Im Grunde, warum sollte ich sie auch ausüben? Ich habe des Guten so viel zu schreiben, daß ich nicht lange Federlesens zu machen brauche. So lange mein Herz voll Liebe und der Kopf meiner Nebenmenschen voll Narrheit ist, wird es mir nie an Stoff zum Schreiben fehlen. Und mein Herz wird immer lieben, so lange es Frauen giebt, erkaltet es für die Eine, so erglüht es gleich für die Andere; wie in Frankreich der König nie stirbt, so stirbt auch nie die Königinn in meinem Herzen, und da heißt es: *la reine est morte, vive la reine!* Auf gleiche Weise wird auch die Narrheit meiner Nebenmenschen nie aussterben. Denn es giebt nur eine einzige Klugheit und diese hat ihre bestimmten Grenzen; aber es giebt tausend unermeßliche Narrheiten. Der gelehrte Casuist und Seelsorger Schupp sagt sogar: »in der Welt sind mehr Narren als Menschen -«

vid. Schuppii lehrreiche Schriften, S. 1121.

Bedenkt man, daß der große Schuppius in Hamburg gewohnt hat, so findet man diese statistische Angabe gar nicht übertrieben. Ich befinde mich an demselben Orte, und kann sagen, daß mir ordentlich wohl wird, wenn ich bedenke, all diese Narren, die ich hier sehe , kann ich in meinen Schriften gebrauchen, sie sind baares Honorar, baares Geld.

Ich befinde mich jetzt so recht in der Wolle. Der Herr hat mich gesegnet, die Narren sind dieses Jahr ganz besonders gut gerathen, und als guter Wirth consumire ich nur wenige, suche mir die ergiebigsten heraus und bewahre sie für die Zukunft. Man sieht mich oft auf der Promenade und sieht mich lustig und fröhlich. Wie ein reicher Kaufmann, der händereibend-vergnügt zwischen den Kisten, Fässern und Ballen seines Waarenlagers umherwandelt, so wandle ich dann unter meinen Leuten. Ihr seyd alle die Meinigen! Ihr seyd mir alle gleich theuer, und ich liebe Euch, wie Ihr selbst Euer Geld liebt, und das will viel sagen. Ich mußte herzlich lachen, als ich jüngst hörte: einer meiner Leute habe sich besorglich geäußert, er wisse nicht, wovon ich einst leben würde - und dennoch ist er selbst ein so capitaler Narr, daß ich von ihm allein schon leben könnte, wie von einem Capitale. (...)

Während ich dieses schreibe, sitze ich in einer dunkeln, betrübten Stube auf der Düsterstraße - aber, ich ertrage es gern, ich könnte ja, wenn ich nur wollte, im schönsten Garten sitzen, eben so gut wie meine Freunde und Lieben; ich brauchte nur meine Schnapsklienten zu realisiren. Diese letzteren, Madame, bestehen aus verdorbenen Friseuren, heruntergekommenen Kupplern, Speisewirthen, die selbst nichts mehr zu essen haben, lauter Lumpen, die meine Wohnung zu finden wissen, und für ein wirkliches Trinkgeld mir die Chronique scandaleuse ihres Stadtviertels erzählen - Madame, Sie wundern sich, daß ich solches Volk nicht ein für allemahl zur Thür hinauswerfe? - Wo denken Sie hin, Madame! Diese Leute sind meine Blumen. Ich beschreibe sie einst in einem schönen Buche, für dessen Honorar ich mir einen Garten kaufe, und mit ihren rothen, gelben, blauen und buntgesprenkelten Gesichtern erscheinen sie mir jetzt schon wie Blumen dieses Gartens. Was kümmert es mich, daß fremde Nasen behaupten, diese Blumen röchen nur nach Kümmel, Tabak, Käse und Laster! meine eigne Nase, der Schornstein meines Kopfes, worin die Phantasie als Kaminfeger auf und ab steigt, behauptet das Gegentheil, sie riecht an jenen Leuten nichts als den Duft von Rosen, Jasminen, Veilchen, Nelken, Violen - O, wie behaglich werde ich einst des Morgens in meinem Garten sitzen, und den Gesang der Vögel behorchen, und die Glieder wärmen an der lieben Sonne, und einathmen den frischen Hauch des Grünen, und durch den Anblick der Blumen mich erinnern an die alten Lumpen!

Vor der Hand sitze ich aber noch auf der dunkeln Düsterstraße in meinem dunklen Zimmer und begnüge mich in der Mitte desselben den größten Obscuranten des Landes aufzuhängen - *»Mais, est-ce que vous verrez plus clair alors?«* Augenscheinlichement, Madame - doch mißverstehen Sie mich nicht, ich hänge nicht den Mann selbst, sondern nur die kristallne Lampe, die ich für das Honorar, das ich aus ihm erschreibe, mir anschaffen werde. Indessen, ich glaube, es wäre noch besser und es würde plötzlich im ganzen Lande hell wer-

den , wenn man die Obscuranten in Natura aufhinge. Kann man aber die Leute nicht hängen, so muß man sie brandmarken. Ich spreche wieder figürlich, ich brandmarke *in effigie*. Freylich, Herr v. Weiß - er ist weiß und unbescholten wie eine Lilie - hat sich weiß machen lassen, ich hätte in Berlin erzählt, Er sey wirklich gebrandmarkt; der Narr ließ sich deßhalb von der Obrigkeit besehen und schriftlich geben, daß seinem Rücken kein Wappen aufgedruckt sey, dieses negative Wappenzeugniß betrachtete er wie ein Diplom, das ihm Einlaß in die beste Gesellschaft verschaffen müsse, und wunderte sich, als man ihn dennoch hinauswarf, und kreischt jetzt Mord und Zeter über mich armen Menschen, und will mich, mit einer geladenen Pistole, wo er mich findet, todtschießen - Und was glauben Sie wohl, Madame, was ich dagegen thue? Madame, für diesen Narrn, d.h. für das Honorar, das ich aus ihm herausschreiben werde, kaufe ich mir ein gutes Faß Rüdesheimer Rheinwein. Ich erwähne dieses, damit Sie nicht glauben, es sey Schadenfreude, daß ich so lustig aussehe, wenn mir Herr v. Weiß auf der Straße begegnet. Wahrhaftig, ich sehe in ihm nur meinen lieben Rüdesheimer, sobald ich ihn erblicke, wird mir wonnig und angenehm zu Muthe, und ich

trällere unwillkührlich: »am Rhein, am Rhein, da wachsen unsre Reben -« »Dies Bildniß ist bezaubernd schön -« »O weiße Dame - -« Mein Rüdesheimer schaut alsdann sehr sauer, und man sollte glauben, er bestände nur aus Gift und Galle - Aber, ich versichere Sie, Madame, es ist ein ächtes Gewächs, findet sich auch das Beglaubigungswappen nicht eingebrannt, so weiß doch der Kenner es zu würdigen, ich werde dieses Fäßchen gar freudig anzapfen, und wenn es allzubedrohlich gährt und auf eine gefährliche Art zerspringen will, so soll es von Amtswegen mit einigen eisernen Reifen gesichert werden.

Sie sehen also, Madame, für mich brauchen Sie nichts zu besorgen. Ich kann alles ruhig ansehn in dieser Welt. Der Herr hat mich gesegnet mit irdischen Gütern, und wenn er mir auch den Wein nicht ganz bequem in den Keller geliefert hat, so erlaubt er mir doch in seinem Weinberge zu arbeiten, ich brauche nur die Trauben zu lesen, zu keltern, zu pressen, zu bütten, und ich habe dann die klare Gottesgabe; und wenn mir auch nicht die Narren gebraten ins Maul fliegen, sondern mir gewöhnlich roh und abgeschmackt entgegenlaufen, so weiß ich sie doch so lange am Spieße herumzudrehen, zu schmoren, zu pfeffern, bis sie mürbe und genießbar werden. Sie sollen Ihre Freude haben, Madame, wenn ich mahl meine große Fete gebe. Madame, Sie sollen meine Küche loben. Sie sollen gestehen, daß ich meine Satrapen eben so pompöse bewirthen kann, wie einst der große Ahasveros, der da König war, von Indien bis zu den Mohren, über hundert und sieben und zwanzig Provinzen. Ganze Hekatomben von Narren werde ich einschlachten. Jener große Philoschnaps, der, wie einst Jupiter, in der Gestalt eines Ochsen, um den Beyfall Europas buhlt, liefert den Ochsenbraten; ein trauriger Trauerspieldichter, der auf den Brettern, die ein traurig persisches Reich bedeuteten, uns einen traurigen Alexander gezeigt hat, liefert meiner Tafel einen ganz vorzüglichen Schweinskopf, wie gewöhnlich sauersüßlächelnd mit einer Zitronenscheibe im Maul, und von der kunstverständigen Köchinn mit Lorbeer-Blättern bedeckt; der Sänger der Korallenlippen, Schwanenhälse, hüpfenden Schneehügelchen, Dingelchen, Wädchen, Mimilichen, Küßchen und Assessorchen, nämlich H. Clauren, oder wie ihn auf der Friedrichstraße die frommen Bernhardinerinnen nennen, »Vater Clauren! unser Clauren!« dieser Aechte liefert mir all jene Gerichte, die er in seinen jährlichen Taschenbordellchen mit der Phantasie einer näscherischen Küchenjungfer, so jettlich zu beschreiben weiß, und er giebt uns noch ein ganz besonderes Extra-Schüsselchen mit einem Zellery- Gemüschen, »wonach einem das Herzchen vor Liebe puppert«; eine kluge, dürre Hofdame, wovon nur der Kopf genießbar ist, liefert uns ein analoges Gericht, nämlich Spargel; und es wird kein Mangel seyn an göttinger Wurst, hamburger Rauchfleisch, pommerschen Gänsebrüsten, Ochsenzungen, gedämpftem Kalbshirn, Rindsmaul, Stockfisch, und allerley Sorten Gelee, berliner Pfannkuchen, wiener Torte, Confitüren - Madame, ich habe mir schon in Gedanken den Magen überladen!

Ideen. Das Buch Le Grand

Hummer in Vinaigrette mit Staudensellerie

Für 4 Portionen:

500 ml trockener Weißwein
Salz
1 El Kümmelsaat
3 - 4 Lorbeerblätter
2 Stiele Estragon
1 Bund Suppengrün
3 Stiele glatte Petersilie
4 Hummer (à ca. 650 g)
1 weiße Zwiebel
150 ml Olivenöl
100 ml Weißweinessig
Pfeffer (a. d. Mühle)
1/2 Bund Staudensellerie
2 - 3 Stiele Koriandergrün

… wonach einem das

Für den Sud etwa 2 l Wasser mit Wein, Salz, Kümmel, Lorbeer, Estragon, dem geputzten und grob zerkleinerten Suppengemüse und Petersilie 20 Minuten durchkochen.

Die Hummer nacheinander im sprudelnd kochenden Sud abtöten, jedesmal sofort herausnehmen. Den Sud vom Herd ziehen, die Hummer hineingeben und zugedeckt etwa 8 Minuten ziehen lassen.

Für die Vinaigrette die Zwiebel pellen und fein hacken. Öl und Essig mit Salz und Pfeffer kräftig verschlagen, die Zwiebel unterrühren. 2 Selleriestangen in hauchdünne Scheiben schneiden und untermischen.

Herzchen vor Liebe puppert

Die Hummerschwänze, Beine und Scheren vom Körper lösen. Die Schwänze mit dem Panzer in Medaillons zerteilen. Die Scheren ausbrechen.

Die Vinaigrette mit 250 ml passiertem Sud verrühren. Medaillons, Scheren und Beine darin ziehen lassen. Die Kopfteile säubern.

Die Hummer auf großen, tiefen Tellern zusammensetzen. Restlichen Sellerie ohne das Grün in hauchdünne Scheiben schneiden, den Koriander hacken. Unter die Vinaigrette mischen und über den Hummern verteilen. Mit Selleriegrün garniert sofort servieren.

… die Stadt

Mir träumt': ich bin der liebe Gott,
Und sitz' im Himmel droben,
Und Englein sitzen um mich her,
Die meine Verse loben.

Und Kuchen ess' ich und Confekt
Für manchen lieben Gulden,
Und Kardinal trink' ich dabei,
Und habe keine Schulden.

Doch Langeweile plagt mich sehr,
Ich wollt', ich wär' auf Erden,
Und wär' ich nicht der liebe Gott,
Ich könnt' des Teufels werden.

Du langer Engel Gabriel,
Geh', mach dich auf die Sohlen,
Und meinen theuren Freund Eugen
Sollst du herauf mir holen.

Such' ihn nicht im Collegium,
Such' ihn beim Glas Tokaier;
Such' ihn nicht in der Hedwigskirch,
Such' ihn bei Mamsell Meyer.

Da breitet aus ein Flügelpaar
Und fliegt herab der Engel,
Und packt ihn auf, und bringt herauf
Den Freund, den lieben Bengel.

Ja, Jung', ich bin der liebe Gott,
Und ich regier' die Erde!
Ich hab's ja immer dir gesagt,
Daß ich was Rechts noch werde.

Und Wunder thu' ich alle Tag,
Die sollen dich entzücken,
Und dir zum Spaße will ich heut
Die Stadt Berlin beglücken.

Die Pflastersteine auf der Straß',
Die sollen jetzt sich spalten,
Und eine Auster, frisch und klar,
Soll jeder Stein enthalten.

Ein Regen von Zitronensaft
Soll thauig sie begießen,
Und in den Straßengössen soll
Der beste Rheinwein fließen.

Berlin beglücken

Wie freuen die Berliner sich,
Sie gehen schon an's Fressen;
Die Herren von dem Landgericht,
Die saufen aus den Gössen.

Wie freuen die Poeten sich
Bei solchem Götterfraße!
Die Leutnants und die Fähnderichs,
Die lecken ab die Straße.

Die Leutnants und die Fähnderichs,
Das sind die klügsten Leute,
Sie denken, alle Tag' geschieht
Kein Wunder so wie heute.

Buch der Lieder

Austern in Kartoffeln und Kaviarsauce

Für 4 Portionen:

50 g Butter
1/2 Porreestange (vom grünen Teil)
Salz
14 eigroße Kartoffeln (ca. 650 g)
3 El Olivenöl
12 mittelgroße Austern
150 ml Rheinwein
1 Scheibe Ingwer
1 oz. (28 g) Beluga Kaviar

... ein Regen von Zitronensaft

Die Butter schmelzen, einmal aufkochen und leicht bräunen, beiseite stellen. Den Porree in 5 mm breite Streifen schneiden, in kochendem Salzwasser blanchieren, in Eiswasser abschrecken und abtropfen lassen.

Die Kartoffeln schälen, 2 Kartoffeln fein würfeln. Von 12 Kartoffeln einen Deckel abschneiden, das Innere mit einem Melonenausstecher vorsichtig aushöhlen.

Die ausgehöhlten Kartoffeln und die Deckel in Wasser mit wenig Salz 8 - 10 Minuten garen und abtropfen lassen.

Kartoffelreste und -würfel garkochen, durchpressen, mit 1 Prise Salz würzen und mit Olivenöl zu einem glatten Püree aufschlagen. Mit Hilfe eines Spritzbeutels in die Kartoffeln füllen und glattstreichen. Auf Teller setzen und warm halten.

Soll thauig sie begießen

Die Austern über einer Schüssel öffnen und auslösen. Das Meerwasser passieren und mit Wein und dem Ingwer 5 Minuten ziehen lassen. Die Austern darin 2 - 3 Minuten bei schwacher Hitze unter Schwenken pochieren, abgetropft auf die Kartoffeln legen. Den Deckel aufsetzen, die Kartoffeln warm halten.

Den Pochierfond durch ein feines Sieb passieren und erhitzen, die Nußbutter unterschlagen. Den Kaviar unterrühren und leicht erwärmen. Die Sauce über die Kartoffeln löffeln, mit Porree garnieren und sofort servieren.

Himmelswonnen

Wie man im Himmel lebt, Madame, können Sie sich wohl vorstellen, um so eher, da Sie verheurathet sind. Dort amüsirt man sich ganz süperbe, man hat alle mögliche Vergnügungen, man lebt in lauter Lust und Plaisir, so recht wie Gott in Frankreich. Man speist von Morgen bis Abend, und die Küche ist so gut wie die Jagorsche, die gebratenen Gänse fliegen herum mit den Sauceschüsselchen im Schnabel, und fühlen sich geschmeichelt, wenn man sie verzehrt, butterglänzende Torten wachsen wild wie Sonnenblumen, überall Bäche mit Bouillon und Champagner, überall Bäume, woran Servietten flattern, und man speist und wischt sich den Mund, und speist wieder, ohne sich den Magen zu verderben, man singt Psalmen, oder man tändelt und schäkert mit den lieben, zärtlichen Engelein, oder man geht spatzieren auf der grünen Halleluja-Wiese, und die weißwallenden Kleider sitzen sehr bequem, und nichts stört da das Gefühl der Seligkeit , kein Schmerz, kein Mißbehagen, ja sogar, wenn Einer dem Andern zufällig auf die Hühneraugen tritt und *excusez!* ausruft, so lächelt dieser wie verklärt und versichert: dein Tritt, Bruder, schmerzt nicht, sondern *au contraire*, mein Herz fühlt dadurch nur desto süßere Himmelswonne.

Ideen. Das Buch Le Grand

Mittags in der ›Krone‹

In der Krone zu Clausthal hielt ich Mittag. Ich bekam frühlingsgrüne Petersiliensuppe, veilchenblauen Kohl, einen Kalbsbraten, groß wie der Chimborasso in Miniatur, so wie auch eine Art geräucherter Heringe, die Bückinge heißen, nach dem Namen ihres Erfinders, Wilhelm Bücking, der 1447 gestorben, und um jener Erfindung willen von Carl V. so verehrt wurde, daß derselbe anno 1556 von Middelburg nach Bievlied in Seeland reiste, bloß um dort das Grab dieses großen Mannes zu sehen. Wie herrlich schmeckt doch solch ein Gericht, wenn man die historischen Notizen dazu weiß und es selbst verzehrt! Nur der Kaffee nach Tische wurde mir verleidet, indem sich ein junger Mensch diskursirend zu mir setzte und so entsetzlich schwadronirte, daß die Milch auf dem Tische sauer wurde. Es war ein junger Handlungsbeflissener mit fünf und zwanzig bunten Westen und eben so viel goldenen Petschaften, Ringen, Brustnadeln u.s.w. Er sah aus wie ein Affe, der eine rothe Jacke angezogen hat und nun zu sich selber sagt: Kleider machen Leute. Eine ganze Menge Charaden wußte er auswendig, so wie auch Anekdoten, die er immer da anbrachte, wo sie am wenigsten paßten. Er fragte mich, was es in Göttingen Neues gäbe, und ich erzählte ihm: daß vor meiner Abreise von dort ein Decret des akademischen Senats erschienen, worin bey drey Thaler Strafe verboten wird, den Hunden die Schwänze abzuschneiden, indem die tollen Hunde in den Hundstagen die Schwänze zwischen den Beinen tragen, und man sie dadurch von den Nichttollen unterscheidet, was doch nicht geschehen könnte, wenn sie gar keine Schwänze haben. - Nach Tische machte ich mich auf den Weg, die Gruben, die Silberhütten und die Münze zu besuchen.

Die Harzreise

Ravioli bei Broggi

Die Academie-royale-de-Musique, die sogenannte große Oper, befindet sich bekanntlich in der Rue Lepelletier, ungefähr in der Mitte, der Restaurazion von Paolo Broggi grade gegenüber. Broggi ist der Name eines Italieners, der einst der Koch von Rossini war. Als letzterer voriges Jahr nach Paris kam, besuchte er auch die Trattoria seines ehemaligen Dieners, und nachdem er dort gespeist, blieb er vor der Thüre lange Zeit stehen, in tiefem Nachdenken das große Operngebäude betrachtend. Eine Thräne trat in sein Auge, und als jemand ihn frug, weßhalb er so wehmüthig bewegt erscheine, gab der große Maestro zur Antwort: Paolo habe ihm sein Leibgericht, Ravioli mit Parmesankäse, zubereitet wie ehemals, aber er sey nicht im Stande gewesen, die Hälfte der Porzion zu verzehren, und auch diese drücke ihn jetzt; er, der ehemals den Magen eines Straußes besessen, könne heutzutage kaum so viel vertragen wie eine verliebte Turteltaube.

Wir lassen dahingestellt seyn, in wie weit der alte Spottvogel seinen indiskreten Frager mystifizirt hat und begnügen uns heute, jedem Musikfreunde zu rathen, bey Broggi eine Porzion Ravioli zu essen wie Rossini, und nachher ebenfalls einen Augenblick vor der Thüre der Restaurazion verweilend, das Haus der großen Oper zu betrachten. Es zeichnet sich nicht aus durch brillianten Luxus, es hat vielmehr das Aeußere eines sehr anständigen Pferdestalles, und das Dach ist platt. Auf diesem Dache stehen acht große Statuen, welche Musen vorstellen. Eine neunte fehlt, und ach! das ist eben die Muse der Musik.

Lutezia

Gefrorener

Im Theater zu Amsterdam lernte ich (...) eine von jenen Nixen kennen, die ich auf dem Meere selbst vergeblich gesucht. (...) Als ich hinaufschaute, erblickte ich eine wunderschöne Eva, die mich mit ihren großen blauen Augen verführerisch ansah. Ihr Arm hing über der Gallerie herab, und in der Hand hielt sie einen Apfel, oder vielmehr eine Apfelsine. Statt mir aber symbolisch die Hälfte anzubieten, warf sie mir bloß metaphorisch die Schalen auf den Kopf. War es Absicht oder Zufall? Das wollte ich wissen. Ich war aber als ich ins Paradies hinaufstieg, um die Bekanntschaft fortzusetzen, nicht wenig befremdet, ein weißes sanftes Mädchen zu finden, eine überaus weiblich weiche Gestalt, nicht schmächtig aber doch kristallig zart, ein Bild häuslicher Zucht und beglückender Holdseligkeit. Nur um die linke Oberlippe zog sich etwas, oder vielmehr ringelte sich etwas, wie das Schwänzchen einer fortschlüpfenden Eydechse. Es war ein geheimnißvoller Zug, wie man ihn just nicht bey den reinen Engeln, aber auch nicht bey häßlichen Teufeln zu finden pflegt. Dieser Zug bedeutete weder das Gute noch das Böse, sondern bloß ein schlimmes Wissen; es ist ein Lächeln welches vergiftet worden von jenem Apfel der Erkenntniß, den der Mund genossen. Wenn ich diesen Zug auf weichen vollrosigen Mädchenlippen sehe, dann fühl ich in den eigenen Lippen ein krampfhaftes Zucken, ein zuckendes Verlangen jene Lippen zu küssen; es ist Wahlverwandtschaft.

Ich flüsterte daher dem schönen Mädchen ins Ohr: Juffrow! ich will deinen Mund küssen.

Bey Gott, Myn Heer, das ist ein guter Gedanke! war die Antwort, die hastig und mit entzückendem Wohllaut aus dem Herzen hervorklang.

Aber nein - die ganze Geschichte, die ich hier zu erzählen dachte, (...) will ich jetzt unterdrücken. Ich räche mich dadurch an die Prüden, die dergleichen Geschichten mit Wonne einschlürfen, und bis an den Nabel, ja noch tiefer, davon entzückt sind, und nachher den Erzähler schelten, und in Gesellschaft über ihn die Nase rümpfen, und ihn als unmoralisch verschreyen. Es ist eine gute Geschichte, köstlich wie eingemachte Ananas, oder wie frischer Caviar, oder wie Trüffel in Burgunder, und wäre eine angenehme Lektüre nach der Betstunde; aber aus Rankünе, zur Strafe für frühere Unbill, will ich sie unterdrücken.

Champagner

Ich mache daher hier einen langen Gedankenstrich –

Dieser Strich bedeutet ein schwarzes Sopha, und darauf passirte die Geschichte, die ich nicht erzähle. Der Unschuldige muß mit dem Schuldigen leiden, und manche gute Seele schaut mich jetzt an mit einem bittenden Blick. Jenun, diesen Besseren will ich im Vertrauen gestehn, daß ich noch nie so wild geküßt worden, wie von jener holländischen Blondine, und daß diese das Vorurtheil, welches ich bisher gegen blonde Haare und blaue Augen hegte, aufs siegreichste zerstört hat. Jetzt erst begriff ich, warum ein englischer Dichter solche Damen mit gefrorenem Champagner verglichen hat. In der eisigen Hülle lauert der heißeste Extrakt. Es giebt nichts pikanteres als der Contrast jener äußeren Kälte und der inneren Glut, die bachantisch emporlodert und den glücklichen Zecher unwiderstehlich berauscht. Ja, weit mehr als in Brünetten, zehrt der Sinnenbrand in manchen scheinstillen Heiligenbildern, mit goldenem Glorienhaar und blauen Himmelsaugen und frommen Liljenhänden. Ich weiß eine Blondine aus einem der besten niederländischen Häuser, die zuweilen ihr schönes Schloß am Züdersee verließ, und inkognito nach Amsterdam und dort ins Theater ging, jeden der ihr gefiel Apfelsinenschalen auf den Kopf warf, zuweilen gar in Matrosenheerbergen die wüsten Nächte zubrachte, eine holländische Messaline.

Aus den Memoiren des
Herren von Schnabelewopski

. . . ein Obdach

Wie die Wasserstürze kreischten!
Wie der Wind die Tannen peitschte,
Daß sie heulten! Plötzlich platzten
Auch die Wolken - schlechtes Wetter!

In der kleinen Fischerhütte,
An dem Lac-de-Gobe fanden
Wir ein Obdach und Forellen;
Diese aber schmeckten köstlich.

In dem Polsterstuhle lehnte,
Krank und grau, der alte Fährmann.
Seine beiden schönen Nichten,
Gleich zwey Engeln, pflegten seiner.

Dicke Engel, etwas flämisch,
Wie entsprungen aus dem Rahmen
Eines Rubens: goldne Locken,
Kerngesunde, klare Augen,

Grübchen in Zinoberwangen,
Drin die Schalkheit heimlich kichert,
Und die Glieder stark und üppig,
Lust und Furcht zugleich erregend.

Hübsche, herzliche Geschöpfe,
Die sich köstlich disputirten:
Welcher Trank dem siechen Oheim
Wohl am besten munden würde?

Reicht die Eine ihm die Schale
Mit gekochten Lindenblüthen,
Dringt die Andre auf ihn ein
Mit Hollunderblumen-Aufguß.

»Keins von beiden will ich saufen« -
Rief der Alte ungeduldig -
»Holt mir Wein, daß ich den Gästen
Einen bessern Trunk kredenze!«

Ob es wirklich Wein gewesen,
Was ich trank am Lac-de-Gobe,
Weiß ich nicht. In Braunschweig hätt' ich
Wohl geglaubt, es wäre Mumme.

Von dem besten schwarzen Bocksfell
War der Schlauch; er stank vorzüglich.
Doch der Alte trank so freudig,
Und er ward gesund und heiter.

Atta Troll

und Forellen

Gebratene Forelle mit Suppengemüse und Nußbutter

Für 4 Portionen:

4 Regenbogenforellen (à ca. 300 g)
200 g Knollensellerie
200 g Möhren
1 El Ascorbinsäure (a. d. Apotheke)
200 g Porree
40 g Butterschmalz
Salz
125 ml Milch
30 g Mehl
125 g Butter

... diese aber

Die Forellen längs halbieren, sauber entgräten, parieren und bis zum Braten abgedeckt kühlstellen.

Sellerie und Möhren schälen und mit der Aufschnittmaschine in 1 mm dünne Scheiben schneiden, die Möhren dabei längs aufschneiden. Dann beides in Juliennes schneiden. Den Sellerie mit Ascorbinsäure bestreuen. Den Porree ebenfalls in lange, feine Juliennes schneiden .

Das Butterschmalz in 2 großen Pfannen erhitzen. Die Filets salzen. Milch und Mehl auf flache Teller verteilen. Die Hautseite der Filets zuerst in die Milch legen, abtropfen lassen und ins Mehl drücken. Überschüssiges Mehl sorgfältig abklopfen. Die Filets auf der Hautseite etwa 4 Minuten braten.

40 g Butter in einer großen Sauteuse schmelzen. Sellerie und Porree darin unter Schwenken

schmeckten köstlich

andünsten, mit Salz würzen. Die Möhren unterschwenken, alles in 2 Minuten knapp gar dünsten.

Für die Nußbutter die restliche Butter in einer kleinen Sauteuse schmelzen, aufkochen und hellbraun werden lassen.

4 Filets mit der Hautseite nach unten auf Servierplatten legen. Das Gemüse darauf verteilen, mit den restlichen Filets abdecken. Mit der Nußbutter begießen und mit Salzkartoffeln und gedünsteten Zucchini servieren.

Englische Küche

Es sind nun acht Jahre, daß ich nach London reiste, um die Sprache und das Volk dort kennen zu lernen. Hol der Teufel das Volk mitsammt seiner Sprache! Da nehmen sie ein Dutzend einsilbiger Worte ins Maul, kauen Sie, knatschen sie, spucken sie wieder aus, und das nennen sie Sprechen. Zum Glück sind sie ihrer Natur nach ziemlich schweigsam, und obgleich sie uns immer mit aufgesperrtem Maule ansehen, so verschonen sie uns jedoch mit langen Conversazionen. Aber wehe uns, wenn wir einem Sohne Albions in die Hände fallen, der die große Tour gemacht und auf dem Continente Französisch gelernt hat. Dieser will dann die Gelegenheit benutzen, die erlangten Sprachkenntnisse zu üben und überschüttet uns mit Fragen über alle möglichen Gegenstände, und kaum hat man die eine Frage beantwortet, so kommt er mit einer neuen herangezogen, entweder über Alter oder Heimath oder Dauer unseres Aufenthalts und mit diesem unaufhörlichen Inquiriren glaubt er uns aufs allerbeste zu unterhalten. Einer meiner Freunde in Paris hatte vielleicht Recht, als er behauptete: daß die Engländer ihre französische Conversazion auf dem *Bureau des passeports* erlernen. Am nützlichsten ist ihre Unterhaltung bey Tische, wenn sie ihre kolossalen Rostbeefe tranchiren und mit den ernsthaftesten Mienen uns abfragen: welch ein Stück wir verlangen? ob stark oder schwach gebraten? ob aus der Mitte oder aus der braunen Rinde? ob fett oder mager? Diese Rostbeefe und ihre Hammelbraten sind aber auch alles was sie Gutes haben. Der Himmel bewahre jeden Christenmensch vor ihren Saucen, die aus 1/3 Mehl und 2/3 Butter, oder, je nachdem die Mischung eine Abwechselung bezweckt, aus 1/3 Butter und 2/3 Mehl bestehen. Der Himmel bewahre auch jeden vor ihren naiven Gemüsen, die sie, in Wasser abgekocht, ganz wie Gott sie erschaffen hat, auf den Tisch bringen. Entsetzlicher noch als die Küche der Engländer, sind ihre Toaste und ihre obligaten Standreden, wenn das Tischtuch aufgehoben wird und die Damen sich von der Tafel wegbegeben, und statt ihrer eben so viele Bouteillen Portwein aufgetragen werden ... denn durch

letztere glauben sie die Abwesenheit des schönen Geschlechtes aufs beste zu ersetzen. (...) Ich konnte es endlich nicht länger aushalten, sagte ein Lebewohl dem Mob, den Blackguards, den Gentlemen und den Fashionables von England, den vier Ständen des Reichs, und reiste zurück nach dem civilisirten festen Lande, wo ich vor der weißen Schürze des ersten Kochs, dem ich dort begegnete, anbetend niederkniete. Hier konnte ich wieder einmal wie ein vernünftiger Mensch zu Mittag essen und an der Gemüthlichkeit uneigennütziger Gesichter meine Seele erquicken.

Florentinische Nächte

Kalbsfüße

Zu dem Ekel, der mich bey dem Zusammentreffen mit Börne von Seiten seiner Umgebung bedrohte, gesellte sich auch das Mißbehagen, womit mich sein beständiges Kannengießern erfüllte. Immer politisches Raisonniren und wieder Raisonniren, und sogar beim Essen, wo er mich aufzusuchen wußte. Bey Tische, wo ich so gern alle Misere der Welt vergesse, verdarb er mir die besten Gerichte, durch seine patriotische Galle, die er gleichsam wie eine bittre Sauce darüber hinschwatzte. Kalbsfüße *à la Maître d'Hôtel*, damals meine harmlose Lieblingsspeise, er verleidete sie mir durch Hiobsposten aus der Heimath, die er aus den unzuverläßigsten Zeitungen zusammengegabelt hatte. Und dann seine verfluchten Bemerkungen, die einem den Appetit verdarben. So z.B. kroch er mir mahl nach in den Restaurant der Rüe Lepelletièr, wo damals nur politische Flüchtlinge aus Italien, Spanien, Portugal und Polen zu Mittag speisten. Börne, welcher sie alle kannte, bemerkte mit freudigem Händereiben: wir beide seyen von der ganzen Gesellschaft die einzigen, die nicht von ihrer respektiven Regierung zum Tode verurtheilt worden. »Aber ich habe, setzte er hinzu, noch nicht alle Hoffnung aufgegeben, es eben so weit zu bringen. Wir werden am Ende alle gehenkt, und Sie eben so gut wie ich.«

Ludwig Börne. Eine Denkschrift

und Patriotismus

Kalbsfüße à la Maître d'hotel

Für 4 Portionen:

1 Kalbsfuß (gespalten, ca. 500 g)
1 gepökelte Kalbszunge (pariert, ca. 800 g)
1 Bund Suppengrün
2 Stiele Thymian
3 Lorbeerblätter
1 Tl Pfefferkörner • Salz
1 Kalbsbries (ca. 350 g)
100 ml Weißweinessig
1 kg Broccoli
Pfeffer (a. d. Mühle)
5 El Olivenöl
1 schwarzer Trüffel (ca. 40 g)
Blattsalate zum Garnieren
20 g Butterschmalz
2 - 3 Spritzer Sojasauce

... damals meine

Den Kalbsfuß und die Zunge mit kaltem Wasser bedecken. Das Suppengrün putzen und grob zerkleinern, Thymian, Lorbeer und Pfefferkörner dazugeben und ganz schwach mit Salz würzen. Ohne Deckel 2 1/2 - 3 Stunden sanft kochen und immer wieder sorgfältig Schaum und Fett abschöpfen.

Inzwischen das Bries 1 Stunde wässern. In Wasser mit Salz und 50 ml Essig gut 10 Minuten blanchieren, abschrecken, häuten und wie gewachsen zerpflücken. Dabei alle Adern sorgfältig entfernen, die Briesstücke im Mulltuch trocknen.

Den Broccoli in kurzen Röschen von den Stielen schneiden, etwa 2 Minuten in kochendem Salzwasser blanchieren, in Eiswasser abschrecken und abtropfen lassen. 4 Ringausstecher von 12 cm auf große Teller stellen, den Broccoli kreisförmig in die Ringe setzen.

harmlose Lieblingsspeise

Kalbsfuß und Zunge aus dem Fond nehmen und etwas abkühlen lassen. Die Zunge häuten. Das Fleisch von den Knochen lösen und würfeln. Den Fond durch ein Mulltuch passieren. 500 ml davon auf die Hälfte einkochen, mit Salz und Pfeffer abschmecken. Fleischwürfel mit 200 ml Kalbsjus mischen und in die Ringformen füllen.

Aus Öl, restlichem Essig und Jus, Salz und Pfeffer eine Vinaigrette schlagen. Von der Zunge 12 Scheiben abschneiden und anrichten. Den Trüffel schälen und hobeln. Die Salate mundgerecht zupfen.

Das Bries rundum in nicht zu heißem Butterschmalz etwa 4 Minuten braten, mit Salz und Sojasauce würzen und mit dem Frisee anrichten. Die Ringformen abnehmen, die Vinaigrette über das Gericht träufeln. Mit Trüffelscheiben und Schnittlauch garniert servieren.

Frau Wirtin von

Aber zu Leyden, als ich ankam, fand ich das Essen fürchterlich schlecht. Die Republik Hamburg hatte mich verwöhnt; ich muß die dortige Küche nachträglich noch einmahl loben, und bey dieser Gelegenheit preise ich noch einmahl Hamburgs schöne Mädchen und Frauen. O Ihr Götter! in den ersten vier Wochen, wie sehnte ich mich zurück nach den Rauchfleischlichkeiten und nach den Mokturteltauben Hammonias! Ich schmachtete an Herz und Magen. Hätte sich nicht endlich die Frau Wirthinn zur rothen Kuh in mich verliebt, ich wäre vor Sehnsucht gestorben.

Heil dir, Wirthinn zur rothen Kuh! Es war eine untersetzte Frau, mit einem sehr großen runden Bauche und einem sehr kleinen runden Kopfe. Rothe Wängelein, blaue Aeugelein; Rosen und Veilchen. Stundenlang saßen wir beysammen im Garten, und tranken Thee, aus ächtchinesischen Porzelantassen. Es war ein schöner Garten, viereckige und dreyeckige Beete, symmetrisch bestreut mit Goldsand, Zinober und kleinen blanken Muscheln. Die Stämme der Bäume hübsch roth und blau angestrichen. Kupferne Käfige

der ›Roten Kuh‹

voll Kanarienvögel. Die kostbarsten Zwiebelgewächse in buntbemalten, glasirten Töpfen. Der Taxus allerliebst künstlich geschnitten, mancherley Obelisken, Pyramiden, Vasen, auch Thiergestalten bildend. Da stand ein aus Taxus geschnittener grüner Ochs, welcher mich fast eifersüchtig ansah, wenn ich sie umarmte, die holde Wirthinn zur rothen Kuh.

Heil dir, Wirthinn zur rothen Kuh!

Wenn Myfrau den Obertheil des Kopfes mit den friesischen Goldplatten umschildet, den Bauch mit ihrem buntgeblümten Damastrock eingepanzert, und die Arme mit der weißen Fülle ihrer brabanter Spitzen gar kostbar belastet hatte: dann sah sie aus wie eine fabelhafte chinesische Puppe, wie etwa die Göttinn des Porzelans. Wenn ich alsdann in Begeisterung gerieth und sie auf beide Backen laut küßte, so blieb sie ganz porzelanig steif stehen und seufzte ganz porzelanig: Myn Heer! Alle Tulpen des Gartens schienen dann mitgerührt und mitbewegt zu seyn und schienen mitzuseufzen: Myn Heer!

Dieses delikate Verhältniß schaffte mir manchen delikaten Bissen. Denn jede solche Liebesscene influenzirte auf den Inhalt der

Eßkörbe, welche mir die vortreffliche Wirthinn alle Tage ins Haus schickte. Meine Tischgenossen, sechs andere Studenten, die auf meiner Stube mit mir aßen, konnten an der Zubereitung des Kalbsbratens oder des Ochsenfilets jedesmahl schmecken, wie sehr sie mich liebte, die Frau Wirthinn zur rothen Kuh. Wenn das Essen einmal schlecht war, mußte ich viele demüthigende Spötteleyen ertragen, und es hieß dann: seht wie der Schnabelewopski miserabel aussieht, wie gelb und runzlicht sein Gesicht, wie katzenjämmerlich seine Augen,

als wollte er sie sich aus dem Kopfe herauskotzen, es ist kein Wunder, daß unsere Wirthinn seiner überdrüssig wird und uns jetzt schlechtes Essen schickt. Oder man sagte auch: um Gotteswillen, der Schnabelewopski wird täglich schwächer und matter, und verliert am Ende ganz die Gunst unserer Wirthinn, und wir kriegen dann immer schlechtes Essen wie heut - wir müssen ihn tüchtig füttern, damit er wieder ein feuriges Aeußere gewinnt. Und dann stopften sie mir just die allerschlechtesten Stücke ins Maul, und nöthigten mich übergebührlich viel Sellerie zu essen. Gab es aber magere Küche mehrere Tage hinter einander, dann wurde ich mit den ernsthaftesten Bitten bestürmt; für besseres Essen zu sorgen, das Herz unserer Wirthinn aufs neue zu entflammen, meine Zärtlichkeit für sie zu erhöhen, kurz, mich fürs allgemeine Wohl aufzuopfern. In langen Reden wurde mir dann vorgestellt, wie edel, wie herrlich es sey, wenn jemand für das Heil seiner Mitbürger sich heroisch resignirt, gleich dem Regulus, welcher sich in eine alte vernagelte Tonne stecken ließ, oder auch gleich dem Theseus, welcher sich in die Höhle des Minotaurs freywillig begeben hat - und dann wurde der Livius zitirt und der Plutarch u.s.w. Auch sollte ich bildlich zur Nacheiferung gereitzt werden, indem man jene Großthaten auf die Wand zeichnete, und zwar mit grotesken Anspielungen; denn der Minotaur sah aus wie die rothe Kuh auf dem wohlbekannten Wirthshausschilde, und die karthaginensische vernagelte Tonne sah aus wie meine Wirthinn selbst. Ueberhaupt hatten jene undankbaren Menschen die äußere Gestalt der vortrefflichen Frau zur beständigen Zielscheibe ihres Witzes gewählt. Sie pflegten gewöhnlich ihre Figur aus Aepfeln zusammen zu setzen, oder aus Brodkrummen zu kneten. Sie nahmen dann ein kleines Aepfelchen, welches der Kopf seyn sollte, setzten dieses auf einen ganz großen Apfel, welcher den Bauch vorstellte, und dieser stand wieder auf zwey Zahnstochern, welche sich für Beine ausgaben. Sie formten auch wohl aus Brodkrummen das Bild unserer Wirthinn und kneteten dann ein ganz winziges Püppchen, welches mich selber vorstellen sollte, und dieses setzten sie dann auf die große Figur, und rissen dabey die schlechtesten Vergleiche. Z.B. der Eine bemerkte, die kleine Figur sey Hannibal, welcher über die Alpen steigt. Ein Anderer meinte hingegen, es sey Marius, welcher auf den Ruinen von Carthago sitzt. Dem sey nun wie ihm wolle, wäre ich nicht manchmal über die Alpen gestiegen, oder hätte ich mich nicht manchmal auf die Ruinen von Carthago gesetzt, so würden meine Tischgenossen beständig schlechtes Essen bekommen haben.

Wenn der Braten ganz schlecht war disputirten wir über die Existenz Gottes. Der liebe Gott hatte aber immer die Majorität. Nur drey von der Tischgenossenschaft waren atheistisch gesinnt; aber auch diese ließen sich überreden, wenn wir wenigstens guten Käse zum Dessert bekamen. (...)

Wäre die Wirthinn zur rothen Kuh eine Italienerinn gewesen, so hätte sie vielleicht mein Essen vergiftet; da sie aber eine Holländerinn war, so schickte sie mir sehr schlechtes Essen. Schon des anderen Mittags erduldeten wir die Folgen ihres weiblichen Unwillens. Das erste Gericht war: keine Suppe. Das war schrecklich, besonders für einen wohlerzogenen Menschen wie ich, der von Jugend auf alle Tage Suppe gegessen, der sich bis jetzt gar keine Welt denken konnte, wo nicht des Morgens die Sonne aufgeht und des Mittags die Suppe aufgetragen wird. Das zweite Gericht bestand aus Rindfleisch, welches kalt und hart war wie Myrons Kuh. Drittens kam ein Schellfisch, der aus dem Halse roch wie ein Mensch. Viertens kam ein großes Huhn, das, weit entfernt unseren Hunger stillen zu wollen, so mager und abgezehrt aussah, als ob es selber Hunger hätte: so daß man fast vor Mitleid nichts davon essen konnte.

Und nun, kleiner Simson, rief der dicke Driksen, glaubst du noch an Gott? Ist das Gerechtigkeit? (...)

O Gott! Gott! seufzte der Kleine, gar verdrießlich wegen solcher atheistischer Ausbrüche und vielleicht auch wegen des schlechten Essens. Seine Verdrießlichkeit stieg, als auch der lange Vanpitter seine Witze gegen die Anthropomorphisten losließ und die Egypter lobte, die einst Ochsen und Zwiebel verehrten: denn erstere, wenn sie gebraten, und letztere, wenn sie gestopft, schmeckten ganz göttlich. Des kleinen Simsons Gemüth wurde aber durch solche Spöttereyen immer bitterer gestimmt, und er schloß endlich folgendermaßen seine Apologie des Deismus: Was die Sonne für die Blumen ist, das ist Gott für die Menschen. Wenn die Stralen jenes himmlischen Gestirns die Blumen berühren, dann wachsen sie heiter empor und öffnen ihre Kelche und entfalten ihren buntesten Farbenschmuck. Des Nachts , wenn ihre Sonne entfernt ist, stehen sie traurig, mit geschlossenen Kelchen, und schlafen, oder träumen von den goldenen Stralenküssen der Vergangenheit. Diejenigen Blumen, die immer im Schatten stehen, verlieren Farbe und Wuchs, verkrüppeln und erbleichen, und welken mißmüthig, glücklos. Die Blumen aber, die ganz im Dunkeln wachsen, in alten Burgkellern, unter Klosterruinen, die werden häßlich und giftig, sie ringeln am Boden wie Schlangen, schon ihr Duft ist unheilbringend, boßhaft betäubend, tödtlich -

O, du brauchst deine biblische Parabel nicht weiter auszuspinnen, schrie der dicke Driksen, indem er sich ein großes Glas schiedammer Genever in den Schlund goß; du, kleiner Simson, bist eine fromme Blume, die im Sonnenschein Gottes die heiligen Stralen der Tugend und Liebe so trunken einsaugt, daß deine Seele wie ein Regenbogen blüht, während die unsrige, abgewendet von der Gottheit, farblos und häßlich verwelkt, wo nicht gar pestilenzialische Düfte verbreitet - Ich habe einmahl zu Frankfurt, sagte der kleine Simson, eine Uhr gesehen, die an keinen Uhrmacher glaubte; sie war von Tombak und ging sehr schlecht -

Ich will dir wenigstens zeigen, daß so eine Uhr wenigstens gut schlagen kann, versetzte Driksen, indem er plötzlich ganz ruhig wurde und den Kleinen nicht weiter molestirte.

Da letzterer, trotz seiner schwachen Aermchen, ganz vortrefflich stieß, so ward beschlossen, daß sich die beiden noch denselben Tag auf Parisiens schlagen sollten. Sie stachen auf einander los mit großer Erbitterung. Die schwarzen Augen des kleinen Simson glänzten feurig groß, und kontrastirten um so wunderbarer mit seinen Aermchen, die aus den aufgeschürzten Hemdärmeln gar kläglich dünn hervortraten. Er wurde immer heftiger; er schlug sich ja für die Existenz Gottes, des alten Jehovah, des Königs der Könige. Dieser aber gewährte seinem Champion nicht die mindeste Unterstützung und im sechsten Gang bekam der Kleine einen Stich in die Lunge.

O Gott! seufzte er und stürzte zu Boden.

Diese Scene hatte mich furchtbar erschüttert. Gegen das Weib aber, das mittelbar solches Unglück verursacht, wandte sich der ganze Ungestüm meiner Empfindungen; das Herz voll Zorn und Kummer, stürmte ich nach der rothen Kuh.

Ungeheur, warum hast du keine Suppe geschickt? Dieses waren die Worte womit ich die erbleichende Wirthinn anredete, als ich sie in der Küche antraf. Das Porzelan auf dem Kamine zitterte bey dem Tone meiner Stimme. Ich war so entsetzlich, wie der Mensch es nur immer seyn kann, wenn er keine Suppe gegessen und sein bester Freund einen Stich in die Lunge bekommen.

Ungeheur, warum hast du keine Suppe geschickt? Diese Worte wiederholte ich, während das schuldbewußte Weib starr und sprachlos vor mir stand. Endlich aber, wie aus geöffneten Schleusen, stürzten aus ihren Augen die Thränen. Sie überschwemmten ihr ganzes Antlitz und tröpfelten bis in den Canal ihres Busens. Dieser Anblick konnte jedoch meinen Zorn nicht erweichen, und mit verstärkter Bitterkeit sprach ich: O Ihr Weiber, ich weiß daß Ihr weinen könnt; aber Thränen sind keine Suppe. Ihr seyd erschaffen zu unserem Unheil. Eur Blick ist Lug und Eur Hauch ist Trug. Wer hat zuerst vom Apfel der Sünde gegessen? Gänse haben das Capitol gerettet, aber durch ein Weib ging Troja zu Grunde. O Troja! Troja! des Priamos heilige Veste, du bist

gefallen durch die Schuld eines Weibes! Wer hat den Markus Antonius ins Verderben gestürzt? Wer verlangte den Kopf Johannis des Täufers? Wer war Ursache von Abelards Verstümmelung? Ein Weib! Die Geschichte ist voll Beyspiele, wie wir durch Euch zu Grunde gehn. All Eur Thun ist Thorheit und all Eur Denken ist Undank. Wir geben Euch das Höchste, die heiligste Flamme des Herzens, unsere Liebe - was gebt Ihr uns als Ersatz? Fleisch, schlechtes Rindfleisch, noch schlechteres Hühnerfleisch - Ungeheur, warum hast du keine Suppe geschickt!

Vergebens begann Myfrau jetzt eine Reihe von Entschuldigungen herzustammeln und mich bey allen Seligkeiten unserer genossenen Liebe zu beschwören, ihr diesmal zu verzeihen. Sie wollte mir von nun an noch besseres Essen schicken als früher, und noch immer nur sechs Gulden die Porzion anrechnen, obgleich der groote Dohlenwirth für sein ordinäres Essen sich acht Gulden bezahlen läßt. Sie ging so weit, mir für den folgenden Tag Austerpastete zu versprechen; ja, in dem weichen Tone ihrer Stimme dufteten sogar Trüffel. Aber ich blieb standhaft, ich war entschlossen auf immer zu brechen und verließ die Küche mit den tragischen Worten: Adieu, für dieses Leben haben wir ausgekocht!

Im Fortgehn hörte ich etwas zu Boden fallen. War es irgend ein Küchentopf oder Myfrau selber? Ich nahm mir nicht einmahl die Mühe nachzusehen, und ging direkt nach der grooten Dohlen, um sechs Porzion Essen für den nächsten Tag zu bestellen.

Aus den Memoiren des
Herren von Schnabelewopski

Fisch mit

Leviathan heißt der Fisch,
Welcher haust im Meeresgrunde;
Mit ihm spielet Gott der Herr
Alle Tage eine Stunde -

Ausgenommen an dem neunten
Tag des Monats Ab, wo nemlich
Eingeäschert ward sein Tempel;
An dem Tag ist er zu grämlich.

Des Leviathans Länge ist
Hundert Meilen, hat Floßfedern
Groß wie König Ok von Basan,
Und sein Schwanz ist wie ein Cedern.

Doch sein Fleisch ist delikat,
Delikater als Schildkröten,
Und am Tag der Auferstehung
Wird der Herr zu Tische beten

Alle frommen Auserwählten,
Die Gerechten und die Weisen -
Unsres Herrgotts Lieblingsfisch
Werden sie alsdann verspeisen,

Theils mit weißer Knoblauchbrühe,
Theils auch braun in Wein gesotten,
Mit Gewürzen und Rosinen,
Ungefähr wie Matelotten.

In der weißen Knoblauchbrühe
Schwimmen kleine Schäbchen Rettig -
So bereitet, Frater Jose,
Mundet dir das Fischlein, wett' ich!

Auch die braune ist so lecker,
Nemlich die Rosinensauce,
Sie wird himmlisch wohl behagen
Deinem Bäuchlein, Frater Jose.

Romanzero

zweierlei Sauce

Sehnsucht

Ade Paris du theure Stadt,
Wir müssen heute scheiden
Ich lasse dich im Ueberfluß
Von Wonne und von Freude<n>.

Das deutsche Herz in meiner Brust
Ist plötzlich krank geworden
Der einzige Arzt der es heilen kann,
Der wohnt daheim im Norden.

Er wird es heilen in kurzer Frist,
Man rühmt seine großen Kuren
Doch ich gestehe, mich schaudert schon
Vor seinen derben Mixturen.

Ade, du heitres Franzosen Volk
Ihr meine lustigen Brüder
Gar närrische Sehnsucht treibt mich fort,
Doch komm ich in Kurzem wieder.

Denkt Euch, mit Schmerzen sehne ich mich
Nach Torfgeruch, nach den lieben
Heidschnucken der lüneburger Heid,
Nach Sauerkraut und Rüben!

Ich sehne mich nach Tabaksqualm
Hofräthen und Nachtwächtern
Nach Plattdeutsch, Schwarzbrod, Grobheit sogar
Nach blonden Predigerstöchtern.

nach Sauerkraut

Auch nach der Mutter sehne ich mich
Ich will es offen gestehen,
Seit dreyzehn Jahren hab ich nicht
Die alte Frau gesehen.

Ade mein Weib, mein schönes Weib,
Du kannst meine Qual nicht fassen
Ich drücke dich so fest an mein Herz
Und muß dich doch verlassen.

Die lechzende Qual sie treibt mich fort
Von meinem süßesten Glücke
Muß wieder athmen deutsche Luft
Damit ich nicht ersticke.

Die Qual, die Angst, der Ungestüm,
Das steigert sich bis zum Krampfe
Es zittert mein Fuß vor Ungeduld,
Daß er deutschen Boden stampfe.

Vor Ende des Jahres bin ich zurück
Aus Deutschland, und ich denke
Auch ganz genesen, ich kaufe dir dann
Die schönsten Neujahrsgeschenke.

Aus den Entwürfen zu
»Deutschland, Ein Wintermährchen«

Altgermanische

Von Cöllen war ich drey Viertel auf Acht
Des Morgens fortgereiset;
Wir kamen nach Hagen schon gegen Drey,
Da wird zu Mittag gespeiset.

Der Tisch war gedeckt. Hier fand ich ganz
Die altgermanische Küche.
Sey mir gegrüßt, mein Sauerkraut,
Holdselig sind deine Gerüche!

Gestofte Kastanien im grünen Kohl!
So aß ich sie einst bey der Mutter!
Ihr heimischen Stockfische seyd mir gegrüßt!
Wie schwimmt Ihr klug in der Butter!

Jedwedem fühlenden Herzen bleibt
Das Vaterland ewig theuer -
Ich liebe auch recht braun geschmort
Die Bückinge und Eyer.

Wie jauchzten die Würste im spritzelnden Fett!
Die Krammetsvögel, die frommen
Gebratenen Englein mit Apfelmuß,
Sie zwitscherten mir: Willkommen!

Küche

Willkommen, Landsmann, - zwitscherten sie -
Bist lange ausgeblieben,
Hast dich mit fremdem Gevögel so lang
In der Fremde herumgetrieben!

Es stand auf dem Tische eine Gans,
Ein stilles, gemüthliches Wesen.
Sie hat vielleicht mich einst geliebt,
Als wir beide noch jung gewesen.

Sie blickte mich an so bedeutungsvoll,
So innig, so treu, so wehe!
Besaß eine schöne Seele gewiß,
Doch war das Fleisch sehr zähe.

Auch einen Schweinskopf trug man auf
In einer zinnernen Schüssel;
Noch immer schmückt man den Schweinen bey uns
Mit Lorbeerblättern den Rüssel.

Deutschland.
Ein Wintermährchen

Ein Wirtshaus

Mein Vetturin hatte früher denn Helios seine Gäule angeschirrt, und schon um Mittagszeit erreichten wir Ala. Hier pflegen die Vetturine einige Stunden zu halten, um ihre Wagen zu wechseln.

Ala ist schon ein ächt italienisches Nest. Die Lage ist pittoresk, an einem Berghang, ein Fluß rauscht vorbey, heitergrüne Weinreben umranken hie und da die übereinanderstolpernden, zusammengeflickten Bettlerpalläste. An der Ecke des windschiefen Marktes, der so klein ist wie ein Hühnerhof, steht mit großmächtigen, gigantischen Buchstaben: *Piazza di San Marco.* Auf dem steinernen Bruchstück eines großen, altadligen Wappenschilds, saß dort ein kleiner Knabe und nothdürftelte. Die blanke Sonne beschien seine naive Rückseite, und in den Händen hielt er ein papiernes Heiligenbild, das er vorher inbrünstig küßte. Ein kleines, bildschönes Mädchen stand betrachtungsvoll daneben, und blies zuweilen akkompagnirend in eine hölzerne Kindertrompete.

Das Wirthshaus, wo ich einkehrte und zu Mittag speiste, war ebenfalls schon von ächt italienischer Art. Oben, auf dem ersten

Stockwerk, eine freye Estrade mit der Aussicht nach dem Hofe, wo zerschlagene Wagen und sehnsüchtige Misthaufen lagen, Truthähne mit närrisch rothen Schnabellappen und bettelstolze Pfauen einherspatzierten, und ein halb Dutzend zerlumpter, sonnverbrannter Buben sich nach der Bell- und Lankasterschen

im Trentino

Methode lausten. Auf jener Estrade, längs dem gebrochenen Eisengeländer, gelangt man in ein weites hallendes Zimmer. Fußboden von Marmor, in der Mitte ein breites Bett, worauf die Flöhe Hochzeit halten; überall großartiger Schmutz. Der Wirth sprang hin und her, um meine Wünsche zu vernehmen. Er trug einen hastig grünen Leibrock und ein vielfältig bewegtes Gesicht, worin eine lange höckerige Nase, mit einer haarigen rothen Warze, die mitten darauf saß, wie ein rothjäckiger Affe auf dem Rücken eines Kameels. Er sprang hin und her, und es war dann, als ob das rothe Aeffchen auf seiner Nase ebenfalls hin und her spränge. Es dauerte aber eine Stunde, ehe er das Mindeste brachte, und wenn ich deßhalb schalt, so betheuerte er, daß ich schon sehr gut Italienisch spreche.

Ich mußte mich lange mit dem lieblichen Bratenduft begnügen, der mir entgegenwogte aus der thürlosen Küche gegenüber, wo Mutter und Tochter neben einander saßen und sangen und Hühner rupften. Erstere war remarkabel korpulent; Brüste, die sich überreichlich hervorbäumten, die jedoch noch immer klein waren im Vergleich mit dem kolossalen Hintergestell, so daß jene erst die Institutionen zu seyn schienen, dieses aber ihre erweiterte Ausführung als Pandekten. Die Tochter, eine nicht sehr große, aber stark geformte Person, schien sich ebenfalls zur Korpulenz hinzuneigen; aber ihr blühendes Fett war keineswegs mit dem alten Talg der Mutter zu vergleichen. Ihre Gesichtszüge waren nicht sanft, nicht jugendlich liebreitzend, jedoch schön gemessen, edel, antik; Locken und Augen brennend schwarz. Die Mutter hingegen hatte flache, stumpfe Gesichtszüge, eine rosenrothe Nase, blaue Augen, wie Veilchen in Milch gekocht, und liljenweiß gepuderte Haare. Dann und wann kam der Wirth, *il Signor padre*, herangesprungen, und fragte nach irgend einem Geschirr oder Geräthe, und im Rezitativ bekam er die ruhige Weisung, es selbst zu suchen. Dann schnalzte er mit der Zunge, kramte in den Schränken, kostete aus den kochenden Töpfen, verbrannte sich das Maul und sprang wieder fort, und mit ihm sein Nasenkameel und das rothe Aeffchen. Hinter ihnen drein schlugen dann die lustigsten Triller, wie liebreiche Verhöhnung und Familienneckerey.

Aber diese gemüthliche, fast idyllische Wirthschaft unterbrach plötzlich ein Donnerwetter; ein vierschrötiger Kerl mit einem brüllenden Mordgesicht stürzte herein, und schrie etwas, das ich nicht verstand. Als beide Frauenzimmer verneinend die Köpfe schüttelten, gerieth er in die tollste Wuth und spie Feuer und Flamme, wie ein kleiner Vesuv, der sich ärgert. Die Wirthinn schien in Angst zu gerathen, und flüsterte begütigende Worte, die aber eine entgegengesetzte Wirkung hervorbrachten, so daß der rasende Mensch eine eiserne Schaufel ergriff, einige unglückliche Teller und Flaschen zerschlug, und auch die arme Frau geschlagen haben würde, hätte nicht die Tochter ein langes Küchenmesser erfaßt und ihn niederzustechen gedroht, im Fall er nicht sogleich abzöge.

Es war ein schöner Anblick, das Mädchen stand da blaßgelb und vor Zorn erstarrend, wie ein Marmorbild, die Lippen ebenfalls bleich, die Augen tief und tödtlich, eine blaugeschwollene Ader quer über der Stirn, die schwarzen Locken wie flatternde Schlangen, in den Händen ihr blutiges Messer - Ich schauerte vor Lust, denn leibhaftig sah ich vor mir das Bild der Medea, wie ich es oft geträumt in meinen Jugendnächten, wenn ich entschlummert war an dem lieben Herzen Melpomenes, der finster schönen Göttinn.

Während dieser Scene kam der *Signor Padre* nicht im mindesten aus dem Geleise, mit geschäftiger Seelenruhe raffte er die Scherben vom Boden auf, suchte die Teller zusammen, die noch am Leben geblieben, brachte mir darauf: Zuppa mit Parmesankäse, einen Braten derb und fest wie deutsche Treue, Krebse roth wie Liebe, grünen Spinat wie Hoffnung mit Eyer, und zum Dessert gestovte Zwiebeln, die mir Thränen der Rührung aus den Augen lockten. Das hat nichts zu bedeuten, das ist nun mahl Pietros Methode, sprach er, als ich verwundert nach der Küche zeigte; und wirklich, nachdem der Urheber des Zanks sich entfernt hatte, schien es, als ob dort gar nichts vorgefallen sey, Mutter und Tochter saßen wieder ruhig nach wie vor, und sangen und rupften Hühner.

Die Rechnung überzeugte mich, daß auch der *Signore Padre* sich aufs Rupfen verstand, und als ich ihm dennoch, außer der Zahlung, etwas für die gute Hand gab, da nieste er so vergnügt stark, daß das Aeffchen beynah von seinem Sitze herabgefallen wäre. Hierauf winkte ich freundlich hinüber nach der Küche, freundlich war der Gegengruß, bald saß ich in dem eingetauschten Wagen, fuhr rasch hinab in die lombardische Ebene, und erreichte gegen Abend, die uralte, weltberühmte Stadt Verona.

Reise von München nach Genua

Unterhaltung

Von Harburg fuhr ich in einer Stund
Nach Hamburg. Es war schon Abend.
Die Sterne am Himmel grüßten mich,
Die Luft war lind und labend.

Und als ich zu meiner Frau Mutter kam,
Erschrak sie fast vor Freude;
Sie rief »mein liebes Kind!« und schlug
Zusammen die Hände beide.

»Mein liebes Kind, wohl dreyzehn Jahr.
Verflossen unterdessen!
Du wirst gewiß sehr hungrig seyn -
Sag' an was willst du essen?

Ich habe Fisch und Gänsefleisch
Und schöne Apfelsinen.«
So gieb mir Fisch und Gänsefleisch
Und schöne Apfelsinen.

Und als ich aß mit großem Ap'tit,
Die Mutter ward glücklich und munter,
Sie frug wohl dies, sie frug wohl das,
Verfängliche Fragen mitunter.

»Mein liebes Kind! und wirst du auch
Recht sorgsam gepflegt in der Fremde?
Versteht deine Frau die Haushaltung,
Und flickt sie dir Strümpfe und Hemde?«

bei Tisch

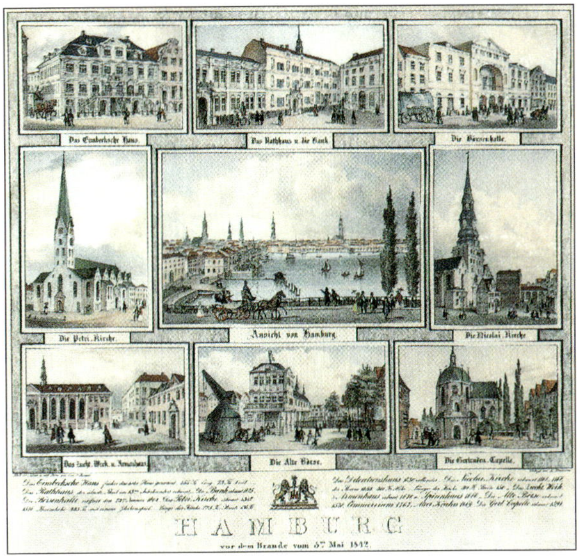

Der Fisch ist gut, lieb Mütterlein,
Doch muß man ihn schweigend verzehren;
Man kriegt so leicht eine Grät' in den Hals,
Du darfst mich jetzt nicht stören.

Und als ich den braven Fisch verzehrt,
Die Gans ward aufgetragen.
Die Mutter frug wieder wohl dies, wohl das,
Mitunter verfängliche Fragen.

»Mein liebes Kind! in welchem Land
Läßt sich am besten leben?
Hier oder in Frankreich? und welchem Volk
Wirst du den Vorzug geben?«

Die deutsche Gans, lieb Mütterlein,
Ist gut, jedoch die Franzosen,
Sie stopfen die Gänse besser als wir,
Auch haben sie bessere Saucen.

Und als die Gans sich wieder empfahl,
Da machten ihre Aufwartung
Die Apfelsinen, sie schmeckten so süß,
Ganz über alle Erwartung.

Die Mutter aber fing wieder an
Zu fragen sehr vergnüglich
Nach tausend Dingen, mitunter sogar
Nach Dingen die sehr anzüglich.

»Mein liebes Kind! wie denkst du jetzt?
Treibst du noch immer aus Neigung
Die Politik? Zu welcher Parthey
Gehörst du mit Ueberzeugung?«

Die Apfelsinen, lieb Mütterlein,
Sind gut, und mit wahrem Vergnügen
Verschlucke ich den süßen Saft
Und ich lasse die Schaalen liegen.

Deutschland.
Ein Wintermährchen

Einladung zu famillionären Tafelfreuden

An den Mann, der gefunden, daß daß beste was an mir ist, daß ich sein Name führe -

Heute Mittag, den zweite Tag Jontoft, wird gegeßen:
Krebsen Suppe, mit Rosinen theilweise in den Krebsen
daß edle Ochsen Fleisch der Hamburger geräuchertes Fleisch, dabei Karstanien noch genieße - Englischen Buding, mit Feuer Fasanen, 2 Stück, ein Hase, den wircklich von meine Leute im Garten geschoßen ist, salat.
Mad Gädchens, hatt oder wird schon mehreres aufsetzen, Champaner, Portwein Mad. Wein und guten Rothwein.

Dann wird die hohe Famillie mit ihre Gegenwart das Teater besuchen.

Brief des Onkels Salomon,
Hamburg, 26. Dezember 1843

Im Vaterland des Champagners und der Marseillaise

Ich hatte viel gethan und gelitten, und als die Sonne der Juliusrevoluzion in Frankreich aufging, war ich nach gerade sehr müde geworden und bedurfte einiger Erholung. Auch ward mir die heimathliche Luft täglich ungesunder, und ich mußte ernstlich an eine Veränderung des Climas denken. Ich hatte Visionen; die Wolkenzüge ängstigten mich und schnitten mir allerley fatale Fratzen. Es kam mir manchmal vor, als sey die Sonne eine preußische Cocarde; des Nachts träumte ich von einem häßlichen schwarzen Geyer, der mir die Leber fraß, und ich ward sehr melancholisch. Dazu hatte ich einen alten berliner Justizrath kennen gelernt, der viele Jahre auf der Festung Spandau zugebracht und mir erzählte, wie es unangenehm sey, wenn man im Winter die Eisen tragen müsse. Ich fand es in der That sehr unchristlich, daß man den Menschen die Eisen nicht ein bischen wärme. Wenn man uns die Ketten ein wenig wärmte, würden sie keinen so unangenehmen Eindruck machen, und selbst fröstelnde Naturen könnten sie dann gut ertragen; man sollte auch die Vorsicht anwenden, die Ketten mit Essenzen von Rosen und Lorbeeren zu parfümiren, wie es hier zu Lande geschieht. Ich frug meinen Justizrath, ob er zu Spandau oft Austern zu essen bekommen? Er sagte nein, Spandau sey zu weit vom Meere entfernt. Auch das Fleisch, sagte er, sey dort rar, und es gebe dort kein anderes Geflügel, als die Fliegen, die einem in die Suppe fielen. Zu gleicher Zeit lernte ich einen französischen *commis voyageur* kennen, der für eine Weinhandlung reiste und mir nicht genug zu rühmen wußte, wie lustig man jetzt in Paris lebe, wie der Himmel dort voller Geigen hänge, wie man dort von Morgens bis Abends die Marseillaise und *En avant marchons* und *Lafayette aux cheveux blancs* singe, und Freyheit, Gleichheit und Brüderschaft an allen Straßenecken geschrieben stehe; dabey lobte er auch den Champagner seines Hauses, von dessen Adresse er mir eine große Anzahl Exemplare gab, und er versprach mir Empfehlungsbriefe für die besten Pariser Restaurants, im Fall ich die Hauptstadt zu meiner Erheiterung besuchen wollte. Da ich nun wirklich einer Aufheiterung bedurfte, und Spandau zu weit vom Meere entfernt ist, um

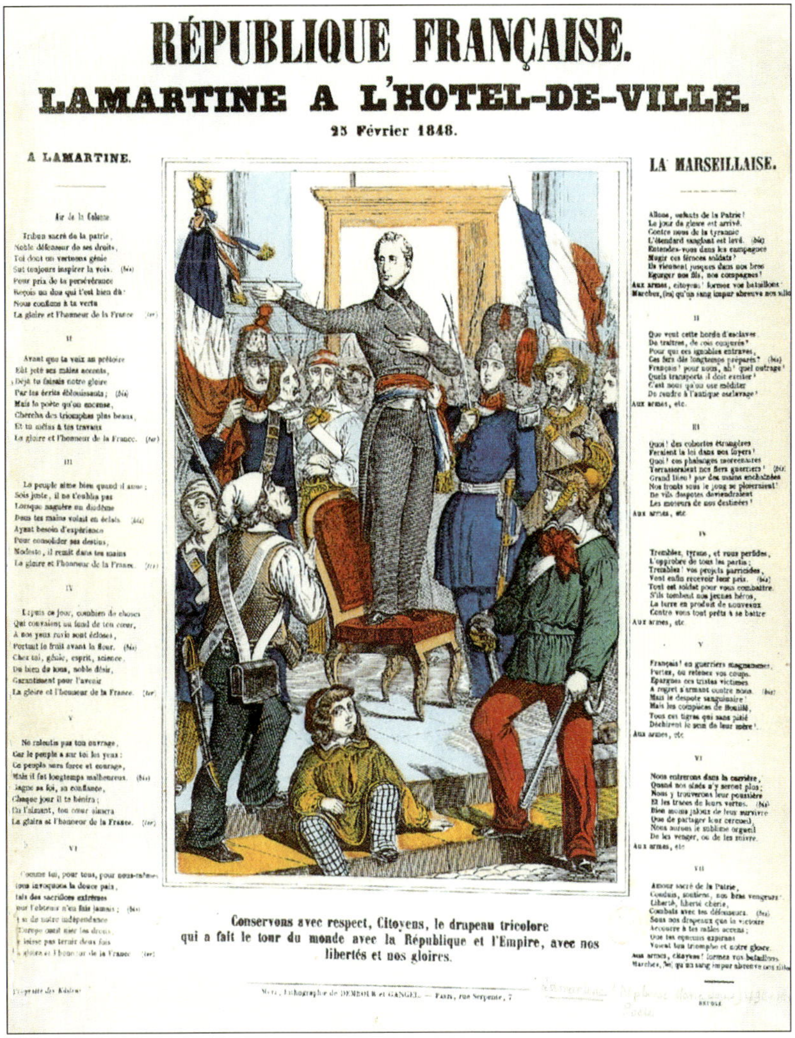

dort Austern zu essen, und mich die Spandauer Geflügelsuppen nicht sehr lockten, und auch obendrein die preußischen Ketten im Winter sehr kalt sind und meiner Gesundheit nicht zuträglich seyn konnten, so entschloß ich mich, nach Paris zu reisen und im Vaterland des Champagners und der Marseillaise jenen zu trinken und diese letztere, nebst *En avant marchons* und *Lafayette aux cheveux blancs,* singen zu hören.

Den 1. May 1831 fuhr ich über den Rhein. Den alten Flußgott, den Vater Rhein, sah ich nicht, und ich begnügte mich, ihm meine Visitenkarte ins Wasser zu werfen. Er saß, wie man mir sagte, in der Tiefe und studirte wieder die französische Grammatik von Meidinger, weil er nemlich während der preußischen Herrschaft große Rückschritte im Französischen gemacht hatte, und sich jetzt eventualiter aufs neue einüben wollte. Ich glaubte, ihn unten conjugiren zu hören: *j'aime, tu aimes, il aime, nous aimons* - Was liebt er aber? In keinem Fall die Preußen. Den Straßburger Münster sah ich nur von fern; er wackelte mit dem Kopfe, wie der alte getreue Eckart, wenn er einen jungen Fant erblickt, der nach dem Venusberge zieht.

Zu Saint-Denis erwachte ich aus einem süßen Morgenschlafe, und hörte zum ersten Mahle den Ruf der Coucouführer: Paris! Paris! so wie auch das Schellengeklingel der Coco-Verkäufer. Hier athmet man schon die Luft der Hauptstadt, die am Horizonte bereits sichtbar. Ein alter Schelm von Lohnbedienter wollte mich bereden, die Königsgräber zu besuchen, aber ich war nicht nach Frankreich gekommen, um todte Könige zu sehen; ich begnügte mich damit, mir von jenem Cicerone die

Legende des Ortes erzählen zu lassen, wie nemlich der böse Heidenkönig dem Heiligen Denis den Kopf abschlagen ließ, und dieser mit dem Kopf in der Hand von Paris nach Saint-Denis lief, um sich dort begraben und den Ort nach seinem Namen nennen zu lassen. Wenn man die Entfernung bedenke, sagte mein Erzähler, müsse man über das Wunder staunen, daß jemand so weit zu Fuß ohne Kopf gehen konnte - doch setzte er mit einem sonderbaren Lächeln hinzu: *dans des cas pareils, il n'y a que le premier pas qui coute.* Das war zwey Franken werth, und ich gab sie ihm, *pour l'amour de Voltaire.* In zwanzig Minuten war ich in Paris, und zog ein durch die Triumphpforte des Boulevards Saint-Denis, die ursprünglich zu Ehren Ludwigs XIV. errichtet worden, jetzt aber zur Verherrlichung meines Einzugs in Paris diente. Wahrhaft überraschte mich die Menge von geputzten Leuten, die sehr geschmackvoll gekleidet waren wie Bilder eines Modejournals. Dann imponirte mir, daß sie alle französisch sprachen, was bey uns ein Kennzeichen der vornehmen Welt; hier ist also das ganze Volk so vornehm wie bey uns der Adel. Die Männer waren alle so höflich, und die schönen Frauen so lächelnd. Gab mir jemand unversehens einen Stoß, ohne gleich um Verzeihung zu bitten , so konnte ich darauf wetten, daß es ein Landsmann war; und wenn irgend eine Schöne etwas allzu säuerlich aussah, so hatte sie entweder Sauerkraut gegessen, oder sie konnte Klopstock im Original lesen. Ich fand alles so amüsant, und der Himmel war so blau und die Luft so liebenswürdig, so generös, und dabey flimmerten noch hie und da die Lichter der Julisonne; die Wangen der schönen Lutezia waren noch roth von den Flamenküssen dieser Sonne, und an ihrer Brust war noch nicht ganz verwelkt der bräutliche Blumenstrauß. An den Straßenecken waren freylich hie und da die *liberté, égalité, fraternité* schon wieder abgewischt. Ich besuchte sogleich die Restaurants, denen ich empfohlen war; diese Speisewirthe versicherten mir, daß sie mich auch ohne Empfehlungsschreiben gut aufgenommen hätten, da ich ein so honettes und distinguirtes Aeußere besäße, das sich von selbst empfehle.

Nie hat mir ein deutscher Garkoch dergleichen gesagt, wenn er auch eben so dachte; so ein Flegel meint, er müsse uns das Angenehme verschweigen, und seine deutsche Offenheit verpflichte ihn, nur widerwärtige Dinge uns ins Gesicht zu sagen. In den Sitten und sogar in der Sprache der Franzosen ist so viel köstliche Schmeicheley, die so wenig kostet, und doch so wohlthätig und erquickend. Meine Seele, die arme Sensitive, welche die Scheu vor vaterländischer Grobheit so sehr zusammengezogen hatte, erschloß sich wieder jenen schmeichlerischen Lauten der französischen Urbanität. Gott hat uns die Zunge gegeben, damit wir unsern Mitmenschen etwas Angenehmes sagen.

Mit dem Französischen haperte es etwas bey meiner Ankunft; aber nach einer halbstündigen Unterredung mit einer kleinen Blumenhändlerinn im Passage des Panoramas ward mein Französisch, das seit der Schlacht bey Waterloo eingerostet war, wieder flüssig, ich stotterte mich wieder hinein in die galantesten Conjugazionen und erklärte der Kleinen sehr verständlich das Linnéische System, wo man die Blumen nach ihren Staubfäden eintheilt; die Kleine folgte einer andern Methode und theilte die Blumen ein in solche die gut röchen und in solche welche stänken. Ich glaube, auch bey den Männern beobachtete sie dieselbe Klassifikazion. Sie war erstaunt, daß ich trotz meiner Jugend so gelehrt sey, und posaunte meinen gelehrten Ruf im ganzen Passage des Panoramas. Ich sog auch hier die

Wohldüfte der Schmeicheley mit Wonne ein, und amüsirte mich sehr. Ich wandelte auf Blumen, und manche gebratene Taube flog mir ins offne, gaffende Maul. Wie viel Amüsantes sah ich hier bey meiner Ankunft! Alle Notabilitäten des öffentlichen Ergötzens und der offiziellen Lächerlichkeit. Die ernsthaften Franzosen waren die amüsantesten. Ich sah Arnal, Bouffé, Déjazet, Debürau, Odry, Mademoiselle Georges und die große Marmite im Invalidenpalaste. Ich sah die Morgue, die *académie française*, wo ebenfalls viele unbekannte Leichen ausgestellt, und endlich die Nekropolis des Luxemburg, worin alle Mumien des Meineids, mit den einbalsamirten falschen Eiden, die sie allen Dynastien der französischen Pharaonen geschworen. Ich sah im Jardin-des-Plantes die Giraffe, den Bock mit drey Beinen und die Kängurus, die mich ganz besonders amüsirten. Ich sah auch Herrn von Lafayette und seine weißen Haare, letztere aber sah ich aparte, da solche in einem Medaillon befindlich waren, welches einer schönen Dame am Halse hing, während er selbst, der Held beider Welten, eine braune Perücke trug, wie alle alte Franzosen. Ich besuchte die königliche Bibliothek, und sah hier den Conservateur der Medaillen, die eben gestohlen worden; ich sah dort auch in einem obscuren Corridor den Zodiakus von Dhontera, der einst so viel Aufsehen erregt hatte, und am selben Tage sah ich Madame Recamier, die berühmteste Schönheit zur Zeit der Merovinger, sowie auch Herrn Ballanche, der zu den *pièces justificatives*

ihrer Tugend gehörte, und den sie seit undenklicher Zeit überall mit sich herumschleppte. Leider sah ich nicht Herrn von Chateaubriand, der mich gewiß amüsirt hätte. Dafür sah ich aber in der *grande Chaumière* den *père Lahire*, in einem Momente, wo er *bougrement en colère* war; er hatte eben zwey junge Robespierre mit weit aufgeklappten weißen Tugendwesten bey den Krägen erfaßt und vor die Thüre gesetzt; einen kleinen Saint-Just, der sich mausig machte, schmiß er ihnen nach, und einige hübsche Citoyennes des Quartier Latin, welche über Verletzung der Menschheitsrechte klagten, hätte schier dasselbe Schicksal betroffen. In einem andern, ähnlichen Lokal sah ich den berühmten Chicard, den berühmten Lederhändler und Cancantänzer, eine vierschrötige Figur, deren rothaufgedunsenes Gesicht gegen die blendend weiße Cravatte vortrefflich abstach; steif und ernsthaft glich er einem Mairie-Adjuncten, der sich eben anschickt, eine Rosière zu bekränzen. Ich bewunderte seinen Tanz, und ich sagte ihm, daß derselbe große Aehnlichkeit habe mit dem antiken Silenostanz, den man bey den Dionysien tanzte, und der von dem würdigen Erzieher des Bacchus, dem Silenos, seinen Namen empfangen. Herr Chicard sagte mir viel Schmeichelhaftes über meine Gelehrsamkeit und präsentirte mich einigen Damen seiner Bekanntschaft, die ebenfalls nicht ermangelten, mein gründliches Wissen herumzurühmen, so daß sich bald mein Ruf in ganz Paris verbreitete, und die Direktoren von Zeitschriften mich aufsuchten, um meine Collaborazion zu gewinnen.

Zu den Personen, die ich bald nach meiner Ankunft in Paris sah, gehört auch Victor Bohain, und ich erinnere mich mit Freude dieser jovialen, geistreichen Figur, die durch liebenswürdige Anregungen viel dazu beytrug, die Stirne des deutschen Träumers zu entwölken und sein vergrämtes Herz in die Heiterkeit des französischen Lebens einzuweihen. Er hatte damals die *Europe littéraire* gestiftet, und als Direktor derselben kam er zu mir mit dem Ansuchen, einige Artikel über Deutschland in dem Genre der Frau von Staël für seine Zeitschrift zu schreiben. Ich versprach, die Artikel zu liefern, jedoch ausdrücklich bemerkend, daß ich sie in einem ganz entgegengesetzten Genre schreiben würde. »Das ist mir gleich« - war die lachende Antwort - »außer dem *genre ennuyeux* gestatte ich wie Voltaire jedes Genre.« Damit ich armer Deutscher nicht in das *genre ennuyeux* verfiele, lud Freund Bohain mich oft zu Tische und begoß meinen Geist mit Champagner. Niemand wußte besser wie er ein Diner anzuordnen, wo man nicht bloß die beste Küche, sondern auch die köstlichste Unterhaltung genoß; niemand wußte so gut wie er als Wirth die Honneurs zu machen, niemand so gut zu repräsentiren, wie Victor Bohain - auch hat er gewiß mit Recht seinen Actionären der *Europe littéraire* hunderttausend Franken Repräsentazionskosten angerechnet. Seine Frau war sehr hübsch und besaß ein niedliches Windspiel, welches Ji-Ji hieß. Zu dem Humor des Mannes trug sogar sein hölzernes Bein etwas bey, und wenn er allerliebst um den Tisch herumhumpelnd seinen Gästen Champagner einschenkte, glich er dem Vulkan, als derselbe das Amt Hebes verrichtete in der jauchzenden Götterversammlung. Wo ist er jetzt? Ich habe lange nichts von ihm gehört. Zuletzt, vor etwa zehn Jahren, sah ich ihn in einem Wirthshause zu Grandville; er war von England, wo er sich aufhielt um die colossale englische Nazionalschuld zu studiren und bey dieser Gelegenheit seine kleinen Privatschulden zu vergessen, nach jenem Hafenstädtchen der Basse- Normandie auf einen Tag herübergekommen, und hier fand ich ihn an einem Tischchen sitzend neben einer Bouteille Champagner und einem vierschrötigen Spießbürger mit kurzer Stirn und aufgesperrtem Maule, dem er das Projekt eines Geschäftes auseinandersetzte, woran, wie Bohain mit beredsamen Zahlen bewies, eine Million zu gewinnen war. Bohains spekulativer Geist war immer sehr groß, und wenn er ein Geschäft erdachte, stand immer eine Million Gewinn in Aussicht, nie weniger als eine Million.

Geständnisse

Ein Blick in das Allerheiligste

Vergleich der französischen Literatur mit den Restaurants des Palaisroyal - wenn man in der Küche gelauscht hat, die Ingredienzen der Gerichte und ihre Zubereitung gesehen, würde man den Apetit verlieren - der schmutzige Koch zieht Handschuh an wenn er auf blanker Schüssel sein Gemätsch aufträgt - Autoren, Restaurants à 2 frs, anfangs munden sie, später entdeckt man daß sie die Materialien aus zweiter und dritter Hand und schon alt oder verfault bezogen -

Notiz aus dem Nachlaß

Meine Köchin ist ein Genie

Meine Köchin ist ein Genie und unter dem Namen »deutsche Nudel« fabrizirt sie ein Gericht, welches ganz eigentlich der jüdische Schalet ist und den ich mit Vergnügen esse. Das ist die größte Neuigkeit, die ich Dir mitzutheilen habe.

Brief an die Mutter in Hamburg,
Paris, 3. August 1850

Heine spricht hier wohl von der süßen Schalet-Variante, einer Art Pudding aus Äpfeln, Nudeln usw., der fett und süß zubereitet wird und wegen seiner runden Form Kugel (auch Kaul) genannt wird.

Schnapper-Elles Garküche

»Nun, so will ich Euch nach der besten Garküche Israels führen« - rief Don Isaak - »nach dem Hause meiner Freundinn Schnapper-Elle, das hier in der Nähe. Schon rieche ich ihren holden Duft, nemlich der Garküche. O wüßtest du, Abraham, wie dieser Duft mich anspricht! Er ist es, der mich, seit ich in dieser Stadt verweile, so oft hinlockt nach den Zelten Jakobs. Der Verkehr mit dem Volke Gottes ist sonst nicht meine Liebhaberey, und wahrlich nicht um hier zu beten, sondern um zu essen besuche ich die Judengasse...«

»Du hast uns nie geliebt, Don Isaak...« »Ja« - fuhr der Spanier fort - »ich liebe Eure Küche weit mehr als Euren Glauben; es fehlt ihm die rechte Sauçe. Euch selber habe ich nie ordentlich verdauen können. Selbst in Euren besten Zeiten, selbst unter der Regierung meines Ahnherrn Davids, welcher König war über Juda und Israel, hätte ich es nicht unter Euch aushalten können, und ich wäre gewiß eines frühen Morgens aus der Burg Sion entsprungen und nach Phönizien emigrirt, oder nach Babilon, wo die Lebenslust schäumte im Tempel der Götter...«

»Du lästerst, Isaak, den einzigen Gott« - murmelte finster der Rabbi - »du bist weit schlimmer als ein Christ, du bist ein Heide, ein Götzendiener...«

»Ja, ich bin ein Heide, und eben so zuwider wie die dürren, freudlosen Hebräer sind mir die trüben, qualsüchtigen Nazarener. Unsre liebe Frau von Sidon, die heilige Astarte, mag es mir verzeihen, daß ich vor der schmerzenreichen Mutter des Gekreuzigten nieder knie und bete ... Nur mein Knie und meine Zunge huldigt dem Tode, mein Herz blieb treu dem Leben!...«

»Aber schau nicht so sauer« - fuhr der Spanier fort in seiner Rede, als er sah wie wenig dieselbe den Rabbi zu erbauen schien - »schau mich nicht an mit Abscheu. Meine Nase ist nicht abtrünnig geworden. Als mich einst der Zufall, um Mittagzeit in diese Straße führte, und aus den Küchen der Juden mir die wohlbekannten Düfte in die Nase stiegen: da erfaßte mich jene Sehnsucht, die unsere Väter

empfanden, als sie zurückdachten an die Fleischtöpfe Egyptens; wohlschmeckende Jugenderinnerungen stiegen in mir auf; ich sah wieder im Geiste die Karpfen mit brauner Rosinensauçe, die meine Tante für den Freytagabend so erbaulich zu bereiten wußte; ich sah wieder das gedämpfte Hammelfleisch mit Knoblauch und Mayrettig, womit man die Todten erwecken kann, und die Suppe mit schwärmerisch schwimmenden Klöschen ... und meine Seele schmolz, wie die Töne einer verliebten Nachtigall, und seitdem esse ich in der Garküche meiner Freundinn Donna Schnapper-Elle!«

Der Rabbi von Bacherach

Frankfurter Schalet

Ich kann nicht umhin, bey dieser Gelegenheit zu erwähnen, daß mich Börne während meines Aufenthalts in Frankfurt einlud, bey einem seiner Freunde zu Mittag zu speisen, und zwar weil derselbe, in getreuer Beharrniß an jüdischen Gebräuchen, mir die berühmte Schaletspeise vorsetzen werde; und in der That, ich erfreute mich dort jenes Gerichtes, das vielleicht noch egyptischen Ursprungs und alt wie die Pyramiden ist. Ich wundre mich, daß Börne späterhin, als er scheinbar in humoristischer Laune, in der That aber aus plebejischer Absicht, durch mancherley Erfindungen und Insinuazionen, wie gegen Kronenträger überhaupt, so auch gegen ein gekröntes Dichterhaupt den Pöbel verhetzte ... ich wundre mich, daß er in seinen Schriften nie erzählt hat, mit welchem Appetit, mit welchem Enthusiasmus, mit welcher Andacht, mit welcher Ueberzeugung ich einst beim Doktor St. .... das altjüdische Schaletessen verzehrt habe! Dieses Gericht ist aber auch ganz vortrefflich, und es ist schmerzlichst zu bedauern, daß die christliche Kirche, die dem alten Judenthume so viel Gutes entlehnte, nicht auch den Schalet adoptirt hat. Vielleicht hat sie sich dieses für die Zukunft noch vorbehalten, und wenn es ihr mal ganz schlecht geht, wenn ihre heiligsten Symbole, sogar das Kreuz, seine Kraft verloren, greift die christliche Kirche zum Schaletessen, und die entwischten Völker werden sich wieder mit neuem Appetit in ihren Schooß hineindrängen. Die Juden wenigstens werden sich alsdann auch mit Ueberzeugung dem Christenthume anschließen... denn, wie ich klar einsehe, es ist nur der Schalet , der sie zusammenhält in ihrem alten Bunde. Börne versicherte mir sogar, daß die Abtrünnigen, welche zum neuen Bunde übergegangen, nur den Schalet zu riechen brauchen, um ein gewisses Heimweh nach der Synagoge zu empfinden, daß der Schalet so zu sagen der Kuhreigen der Juden sey.

Auch nach Bornheim sind wir mit einander hinausgefahren, am Sabbath, um dort Kaffe zu trinken und die Töchter Israels zu betrachten... Es waren schöne Mädchen und rochen nach Schalet, allerliebst.

Ludwig Börne.
Eine Denkschrift

Das Schalet/Tscholet/Tscholent/Tschulent (vom altfranzösischen *chalet,* lat. *calidus* = warm) ist eine der bekanntesten Sabbathspeisen, ein Eintopfgericht, das am Freitagabend vor Sonnenuntergang aufgesetzt wird, weil am Sabbath nicht gearbeitet werden darf. Der Eintopf variiert - wie die Schreibweise - je nach regionalen Traditionen und enthält koscheres (rituell geschlachtetes) Rind- und Kalbfleisch, mitunter auch Gans, Ente oder Hähnchen. Dazu kommen Kartoffeln, Graupen, Erbsen, Linsen oder Bohnen, manchmal auch ein hartgesottenes Ei, und viele Gewürze, wie Pfeffer, Salz, Paprika, Knoblauch usw. Das Ganz wird in die Ofenröhre oder in eine Kochkiste »gesetzt«, wo es gart und bis zum Essen am nächsten Tag warmgehalten wird.

Ein Rezept dieser Himmelspeise von Vera Stutz-Bischitzky

Zutaten:

1 kg recht fettes Rindfleisch (Roastbeef)
4-5 fein gewürfelte Zwiebeln
1,5 Tassen eingeweichte Linsen
1 Tasse feine Gerstengraupen
Öl zum Anbraten
Salz • Pfeffer • Knoblauch

Das Fleisch in Öl anbraten, dann die Zwiebeln hinzugeben und glasig schmoren. Danach werden abwechselnd Linsen und Graupen um das Fleisch herum angeordnet, gesalzen und gepfeffert und mit ausreichend heißem Wasser aufgegossen, bis alles großzügig mit Flüssigkeit bedeckt ist. Nun wird alles aufgekocht und anschließend zwei bis drei Stunden bei schwacher Hitze geschmort.

Statt der Linsen können auch weiße Bohnen oder Erbsen verwendet werden, statt der Graupen Reis und statt des Rindfleisches ein fettes Stück von der Gans.

Schalet, schöner Götterfunken

Schalet, schöner Götterfunken,
Tochter aus Elysium!
Also klänge Schillers Hochlied,
Hätt' er Schalet je gekostet.

Schalet ist die Himmelspeise,
Die der liebe Herrgott selber
Einst den Moses kochen lehrte
Auf dem Berge Sinai,

Wo der Allerhöchste gleichfalls
All die guten Glaubenslehren
Und die heil'gen zehn Gebote
Wetterleuchtend offenbarte.

Schalet ist des wahren Gottes
Koscheres Ambrosia,
Wonnebrod des Paradieses,
Und mit solcher Kost verglichen

Ist nur eitel Teufelsdreck
Das Ambrosia der falschen
Heidengötter Griechenlands,
Die verkappte Teufel waren.

Romanzero

Symbolische Speisen am Sederabend

Sobald es Nacht ist, zündet die Hausfrau die Lichter an, spreitet das Tafeltuch über den Tisch, legt in der Mitte desselben drey von den platten, ungesäuerten Brödten, verdeckt sie mit einer Serviette, und stellt auf diesen erhöhten Platz sechs kleine Schüsseln, worin symbolische Speisen enthalten, nemlich ein Ey, Lattig, Mayrettigwurzel, ein Lammknochen, und eine braune Mischung von Rosinen, Zimmet und Nüssen. An diesen Tisch setzt sich der Hausvater, mit allen Verwandten und Genossen, und liest ihnen vor aus einem abentheuerlichen Buche, das die Agade heißt, und dessen Inhalt eine seltsame Mischung ist von Sagen der Vorfahren, Wundergeschichten aus Egypten, kuriosen Erzählungen, Streitfragen, Gebethen und Festliedern. Eine große Abendmahlzeit wird in die Mitte dieser Feyer eingeschoben, und sogar während des Vorlesens wird zu bestimmten Zeiten etwas von den symbolischen Gerichten gekostet, so wie alsdann auch Stückchen von dem ungesäuerten Brodte gegessen und vier Becher rothen Weines getrunken werden. Wehmüthig heiter, ernsthaft spielend und mährchenhaft geheimnißvoll ist der Charakter dieser Abendfeyer, und der herkömmlich singende Ton, womit die Agade von dem Hausvater vorgelesen und zuweilen chorartig von den Zuhörern nachgesprochen wird, klingt so schauervoll innig, so mütterlich einlullend, und zugleich so hastig aufweckend, daß selbst diejenigen Juden, die längst von dem Glauben ihrer Väter abgefallen und fremden Freuden und Ehren nachgejagt sind, im tiefsten Herzen erschüttert werden wenn ihnen die alten wohlbekannten Paschaklänge zufällig ins Ohr dringen.

Der Rabbi von Bacherach

Der Sederabend ist der Vorabend des Pessach- oder Passah-Festes, an dem das jüdische Volk die Befreiung aus der ägyptischen Gefangenschaft feierlich erinnert. Dieses hohe Fest der Verwandlung und Überschreitung findet nach dem jüdischen Kalender am 14. Nissan (= März oder April) statt, und der Sederabend zählt zu dessen Glanzpunkten mit vielen durch die Jahrhunderte geformten Ritualen. Der Name Seder bedeutet »Ordnung«; der, der den »Seder hält«, gewöhnlich das Familienoberhaupt, nimmt auf einem mit Polstern ausgelegten Sitz Platz und leitet das rituelle Festmahl, von dessen Zauber uns Heinrich Heine berichtet.

Lottchens Zitronentorten

Grüße mir alle Bekannte, und schreibe mir wie es dort aussieht und ob die Torten dies Jahr in Hamburg gut gerathen sind. Wenn Du was gutes kochst oder bäckst so heb es mir auf, bis ich mahl wieder dort bin. Aber Du selbst bist mir doch lieber als alle Torten auf dieser Erde, die Zitronentorten mit inbegriffen. Ich möchte Dir gern mehr schreiben aber in meinem Kopfe ist es zu trübe und ich kann es ja doch nicht ausdrücken wie herzlich Dir ergeben ist Dein Bruder
H. Heine.

Brief an die Schwester Charlotte,
Göttingen, 31. Januar 1824

Hermanns Apfeltörtchen

Die Stadt Düsseldorf ist sehr schön, und wenn man in der Ferne an sie denkt, und zufällig dort geboren ist, wird einem wunderlich zu Muthe. Ich bin dort geboren, und es ist mir, als müßte ich gleich nach Hause gehn. Und wenn ich sage nach Hause gehn, so meine ich die Bolkerstraße und das Haus, worin ich geboren bin. Dieses Haus wird einst sehr merkwürdig seyn, und der alten Frau, die es besitzt, habe ich sagen lassen, daß sie bey Leibe das Haus nicht verkaufen solle. Für das ganze Haus bekäme sie jetzt doch kaum so viel wie schon allein das Trinkgeld betragen wird, das einst die grünverschleyerten, vornehmen Engländerinnen dem Dienstmädchen geben, wenn es ihnen die Stube zeigt, worin ich das Licht der Welt erblickt, und den Hühnerwinkel, worin mich Vater gewöhnlich einsperrte, wenn ich Trauben genascht, und auch die braune Thüre, worauf Mutter mich die Buchstaben mit Kreide schreiben lehrte - ach Gott! Madame, wenn ich ein berühmter Schriftsteller werde, so hat das meiner armen Mutter genug Mühe gekostet.

Aber mein Ruhm schläft jetzt noch in den Marmorbrüchen von Carrara, der Makulatur-Lorbeer, womit man meine Stirne geschmückt, hat seinen Duft noch nicht durch die ganze Welt verbreitet, und wenn jetzt die grünverschleyerten, vornehmen Engländerinnen nach Düsseldorf kommen, so lassen sie das berühmte Haus noch unbesichtigt und gehn direct nach dem Marktplatz, und betrachten die dort in der Mitte stehende, schwarze, kolossale Reuterstatue. Diese soll den Kurfürsten Jan Wilhelm vorstellen. Er trägt einen schwarzen Harnisch, eine tiefherabhängende Allongeperücke - Als Knabe hörte ich die Sage, der Künstler, der diese Statue gegossen, habe während des Gießens mit Schrecken bemerkt, daß sein Metall nicht dazu ausreiche, und da wären die Bürger der Stadt herbeygelaufen, und hätten ihm ihre silbernen Löffel gebracht, um den Guß zu vollenden - und nun stand ich stundenlang vor dem Reuterbilde, und zerbrach mir den Kopf: wie viel silberne Löffel wohl darin stecken mögen, und wie viel Apfeltörtchen man wohl für all das Silber bekommen könnte? Apfeltörtchen waren nämlich damals meine Passion - jetzt ist es Liebe,

Wahrheit, Freyheit und Krebssuppe - und eben unweit des Kurfürstenbildes, an der Theaterecke, stand gewöhnlich der wunderlich gebackene, säbelbeinige Kerl, mit der weißen Schürze und dem umgehängten Korbe voll lieblich dampfender Apfeltörtchen, die er mit einer unwiderstehlichen Diskantstimme anzupreisen wußte - »Die Apfeltörtchen sind ganz frisch, eben aus dem Ofen, riechen so delikat« - Wahrlich, wenn in meinen späteren Jahren der Versucher mir beykommen wollte, so sprach er mit solcher lockenden Diskantstimme, und bey Signora Guilietta wäre ich keine volle zwölf Stunden geblieben, wenn sie nicht den süßen, duftenden Apfeltörtchenton angeschlagen hätte. Und wahrlich, nie würden Apfeltörtchen mich so sehr angereizt haben, hätte der krumme Hermann sie nicht so geheimnißvoll mit seiner weißen Schürze bedeckt - und die Schürzen sind es, welche - doch sie bringen mich ganz aus dem Context, ich sprach ja von der Reuterstatue, die so viel silberne Löffel im Leibe hat, und keine Suppe, und den Kurfürsten Jan Wilhelm darstellt.

Er soll ein braver Herr gewesen seyn, und sehr kunstliebend, und selbst sehr geschickt. Er stiftete die Gemäldegallerie in Düsseldorf, und auf dem dortigen Observatorium zeigt man noch einen überaus künstlichen Einschachtelungsbecher von Holz, den er selbst in seinen Freystunden - er hatte deren täglich vier und zwanzig - geschnitzelt hat.

Ideen. Das Buch Le Grand

Apfeltörtchen aus dem Topf

Für 4 Portionen:

4 Scheiben TK-Blätterteig
4 große, säuerliche Äpfel (ca. 650 g)
2 El Ascorbinsäure (a. d. Apotheke)
60 g Butter
40 g Zucker
2 - 3 El Mineralwasser

... lieblich

Den Blätterteig auftauen lassen. Die Äpfel schälen, die Kernhäuser sauber ausstechen. Die Äpfel oben und unten glattschneiden und längs halbieren, mit Ascorbinsäure bestäuben.

Die Butter in einer mittelgroßen Sauteuse aufkochen, den Zucker unter Rühren darin auflösen. Die Äpfel senkrecht hineinstellen und mit dem Mineralwasser löschen. Bei schwacher Hitze etwa 10 Minuten kochen, bis der Zucker goldbraun karamelisiert.

dampfende Apfeltörtchen 1

Inzwischen die Blätterteigscheiben aufeinanderlegen und ausrollen, in Größe des oberen Sauteusenrandes rund ausschneiden und 10 Minuten ruhen lassen. Dann auf die Äpfel legen und den Rand rundum nach unten biegen.

Im vorgeheizten Backofen bei 250 Grad (Gas 6, Umluft 225 Grad) auf der 2. Einschubleiste von unten 10 - 12 Minuten backen. 5 Minuten ruhen lassen, dann den überschüssigen Saft abgießen und stürzen. Das Törtchen etwas abkühlen lassen, mit dem Saft glasieren und noch warm mit Vanille- Eis servieren.

Apfelmus-Törtchen mit Vanillesauce

Für 4 Portionen:

10 Äpfel (ca. 1,5 kg)
80 g Butter
2 1/2 El Ascorbinsäure (a.d. Apotheke)
60 g Zucker
5 - 6 El Calvados
Hippenblätter oder ähnliches Gebäck
Puderzucker zum Bestäuben

... lieblich

6 Äpfel schälen und vierteln, die Kernhäuser herausschneiden. Die Äpfel quer in dünne Scheiben schneiden und in 60 g Butter andünsten. Mit 1 1/2 El Ascorbinsäure und dem Zucker bestreuen und etwa 15 Minuten ohne Deckel leise schmoren. Nach und nach den Calvados unterrühren, die Flüssigkeit jedesmal vollständig verdampfen lassen.

Inzwischen die restlichen Äpfel schälen, die Kernhäuser ausstechen. Die Äpfel in gleichmäßige, dünne Scheiben schneiden und mit dem Rest Ascorbinsäure bestäuben. Dann jeden Apfel auf einem dünn gefetteten Blech überlappend zu Kreisen von 12 cm auslegen und mit der restlichen zerlassenen Butter bepinseln.

dampfende Apfeltörtchen 2

Im vorgeheizten Backofen bei 250 Grad (Gas 6, Umluft 225 Grad) auf der 2. Einschubleiste von oben 2 - 3 Minuten backen, bis die Apfelränder goldbraun sind.

Mit Hilfe einer Ringform von 12 cm das Apfelmus auf 4 große Dessertteller verteilen und jeweils mit einem gebackenem Apfelkreis bedecken. Entweder Hippenblätter oder anderes Zartgebäck dekorativ um die Mitte legen und dick mit Puderzucker bestäuben.

Dazu paßt Vanillesauce.

Krebssuppe

Für 4 Portionen:

100 ml Weißweinessig • Salz
24 Flußkrebse
4 El Olivenöl
1 Zwiebel • 1 kleine Möhre
1 Stange Staudensellerie
5 cl Cognac • 1/2 El Tomatenmark
3 Knoblauchzehen (gepreßt) • 4 Estragonblätter
1 bouquet garni (Thymian, Petersilie, Lorbeer)
150 ml trockener Weißwein
650 ml leichte Fischbrühe
100 g Zanderfilet
1/2 Eiweiß • 250 ml Schlagsahne
Kerbel • Cayennepfeffer
80 g kalte Butter • 2 cl Pernod

... Liebe,

2 l Wasser mit Essig und etwas Salz sprudelnd aufkochen. Krebse darin portionsweise abtöten und sofort wieder herausnehmen. Sud vom Herd nehmen, alle Krebse hineingeben und 3 Minuten ziehen lassen.

Krebse kalt abschrecken. Die Schwänze vom Körper abdrehen, schälen (Panzer aufbewahren) und beiseite stellen. 4 schöne Krebskörper (Krebsnasen) von innen säubern, beiseite legen.

Restliche Körper und Schwanzpanzer hacken und in heißem Olivenöl anbraten. Gemüse putzen, hacken und dazugeben. Kurz anrösten und mit Cognac flambieren. Tomatenmark unterrühren und leicht anschwitzen. Knoblauch, Bouquet garni und Estragon untermischen. Mit Wein und Fischbrühe aufgießen, ohne Deckel 15 Minuten bei schwacher Hitze kochen. Durch ein feines Spitzsieb passieren, die Reste gut ausdrücken.

Wahrheit, Freyheit und Krebssuppe

Das Krebsfleisch mit etwas Krebsfond bedecken, beiseite stellen. Zander würfeln und im Mixer mit Salz und Eiweiß pürieren, 100 ml eiskalte Sahne nach und nach mit dem Kochlöffel unterarbeiten. Die Farce durch ein Sieb streichen und mit 1 El gehacktem Kerbel würzen; mit Spritzbeutel in die Krebsnasen füllen, in siedendem Salzwasser 10 Minuten pochieren.
Inzwischen den Krebsfond mit 100 ml Sahne auf 400 ml einkochen. Mit Salz und 1 Prise Cayennepfeffer würzen. Kalte Butter in Stückchen schneiden und unterschlagen. Die restliche Sahne steif schlagen und bis auf 1 El unterziehen. Mit Pernod würzen und in stark vorgewärmte Tassen füllen.

Krebsschwänze im Fond erwärmen, restliche Sahne unterheben. Mit den abgetropften Krebsnasen auf kleinen Tellern neben der Krebssuppe anrichten. Mit Kerbel garniert servieren.

Düsseldorfer Neujährchen

Paris den 28. Dec. 1848.

Liebste gute Mutter!
Obgleich mir das Schreiben verboten ist, kann ich doch nicht umhin Dir eigenhändig zum Neuen Jahre zu gratuliren. Gott erhalte Dich und schenke Dir noch viele und glücklichere Lebensjahre! Auch Dir gratulire ich, liebes Lottchen -

Ein Neujöhrchen wie wir sie in Düsseldorf des Morgens aßen, beim Kaffé, der aus drey Bohnen und 3 Pfund Cigorien bestand. Von Zucker keine Idee! Erinnerst Du Dich noch der großen Kanne, die wie ein Blumentopf oder wie eine römische Vase aussah? War von sehr schönem schwarzen Blech. - Lebt wohl und behaltet lieb
Euren getreuen
H. Heine.

Brief an die Mutter in Hamburg,
Paris, 28. Dezember 1848

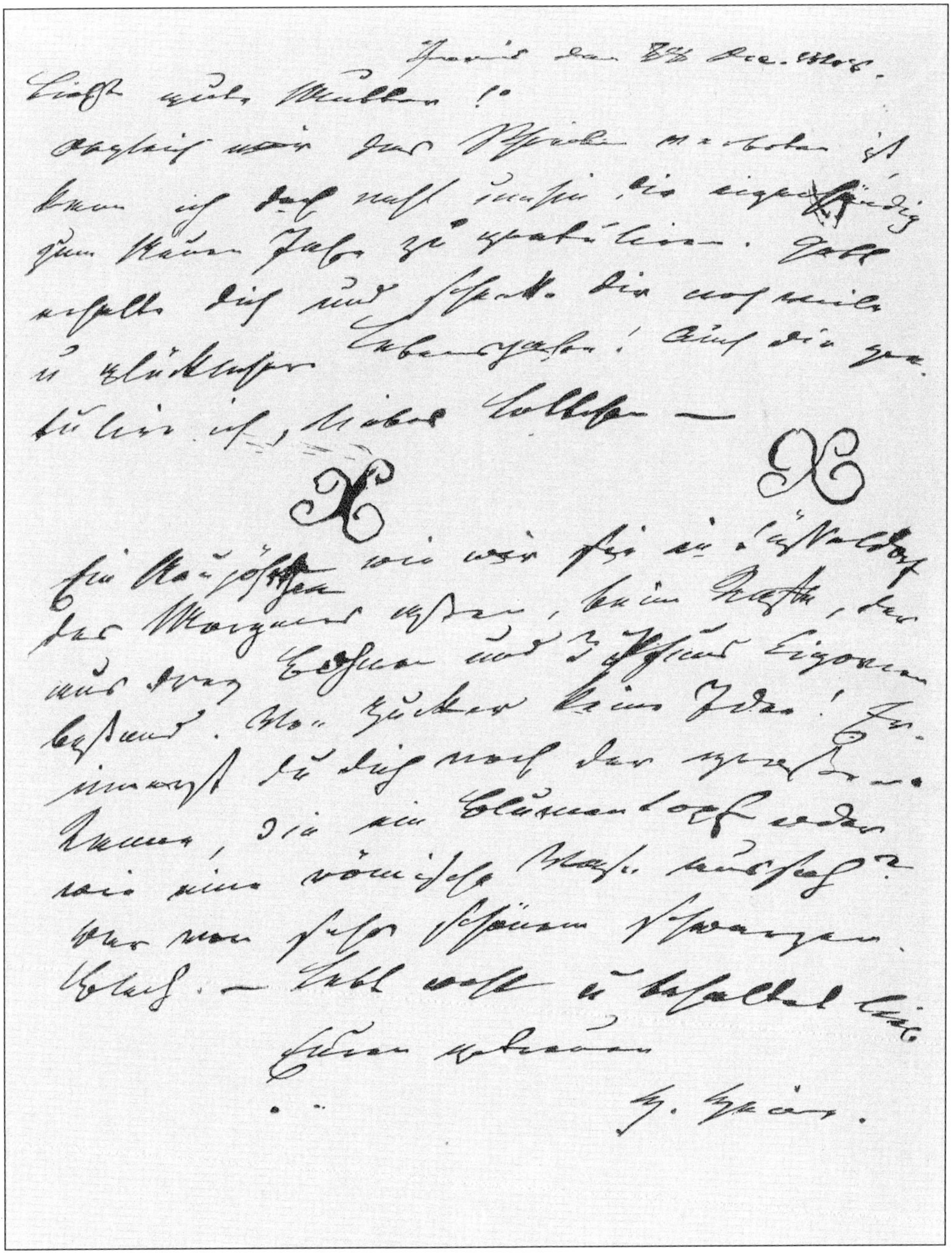

Gebratenes Eis

Die Langeweile, welche die klassische Tragödie der Franzosen ausdünstet, hat niemand besser begriffen, als jene gute Bürgersfrau unter Ludwig XV., die zu ihren Kindern sagte: beneidet nicht den Adel und verzeiht ihm seinen Hochmuth, er muß ja doch als Strafe des Himmels jeden Abend im Théâtre français sich zu Tode langweilen. Das alte Regime hat aufgehört, und das Scepter ist in die Hände der Bourgeoisie gerathen; aber diese neuen Herrscher müssen ebenfalls sehr viele Sünden abzubüßen haben, und der Unmuth der Götter trifft sie noch unleidlicher als ihre Vorgänger im Reiche: denn nicht bloß, daß ihnen Mademoiselle Rachel die moderige Hefe des antiken Schlaftrunks jeden Abend kredenzt, müssen sie jetzt sogar den Abhub unsrer romantischen Küche, versifizirtes Sauerkraut, die Burggrafen von Victor Hugo, verschlucken! Ich will kein Wort verlieren über den Werth dieses unverdaulichen Machwerks, das mit allen möglichen Prätenzionen auftritt, namentlich mit historischen, obgleich alles Wissen Victor Hugos über Zeit und Ort, wo sein Stück spielt, lediglich aus der französischen Uebersetzung von Schreibers Handbuch für Rheinreisende geschöpft ist. Hat der Mann, der vor einem Jahr in öffentlicher Akademie zu sagen wagte, daß es mit dem deutschen Genius ein Ende habe *(la pensée allemande est rentrée dans l'ombre)*, hat dieser größte Adler der Dichtkunst diesmal wirklich die Zeitgenossenschaft so allmächtig überflügelt? Wahrlich keineswegs. Sein Werk zeugt weder von poetischer Fülle noch Harmonie, weder von Begeisterung noch Geistesfreyheit, es enthält keinen Funken Genialität, sondern nichts als gespreizte Unnatur und bunte Deklamazion. Eckige Holzfiguren, überladen mit geschmacklosem Flitterstaat, bewegt durch sichtbare Drähte, ein unheimliches Puppenspiel, eine grasse, krampfhafte Nachäffung des Lebens; durch und durch erlogene Leidenschaft. Nichts ist mir fataler als diese Hugosche Leidenschaft, die sich so glühend geberdet, äußerlich so prächtig auflodert, und doch inwendig so armselig nüchtern und frostig ist. Diese kalte Passion, die uns in so flammenden Redensarten aufgetischt wird, erinnert mich immer an das gebratene Eis, das die Chinesen so künstlich zu bereiten wissen, indem sie kleine Stückchen Gefrorenes, eingewickelt in einen dünnen Teig, einige Minuten übers Feuer halten: ein antithetischer Leckerbissen, den man schnell verschlucken muß, und wobey man Lippe und Zunge an der heißen Rinde verbrennt, den Magen aber erkältet.

Lutezia

Der Geschmack eines

Nachdem ich meinen Damen einige Höflichkeiten gesagt, eilte ich hinab, um in der warmen Stube Kaffee zu trinken. Es that Noth; in meinem Magen sah es so nüchtern aus, wie in der Goslarschen Stephanskirche. Aber mit dem arabischen Trank rieselte mir auch der warme Orient durch die Glieder, östliche Rosen umdufteten mich, süße Bulbullieder erklangen, die Studenten verwandelten sich in Kameele, die Brockenhausmädchen, mit ihren Congrevischen Blicken, wurden zu Houris, die Philisternasen wurden Minarets u.s.w.

Das Buch, das neben mir lag, war aber nicht der Koran. Unsinn enthielt es freylich genug. Es war das sogenannte Brockenbuch, worin alle Reisende, die den Berg erstiegen, ihre Namen schreiben, und die Meisten noch einige Gedanken, und in Ermangelung derselben, ihre Gefühle hinzu notiren. Viele drücken sich sogar in Versen aus. In diesem Buche sieht man, welche Greuel entstehen, wenn der große Philistertroß bey gebräuchlichen Gelegenheiten, wie hier auf dem Brocken, sich vorgenommen hat, poetisch zu werden. Der Palast des Prinzen von Pallagonia enthält keine so große Abgeschmacktheiten, wie dieses Buch, wo besonders hervor glänzen die Herren Acciseeinnehmer mit ihren verschimmelten Hochgefühlen, die Comptoirjünglinge mit ihren pathetischen Seelenergüssen, die altdeutschen Revoluzionsdilettanten mit ihren Turngemeinplätzen, die Berliner Schullehrer mit ihren verunglückten Entzückungsphrasen u.s.w. Herr Johannes Hagel will sich auch mahl als Schriftsteller zeigen. Hier wird des Sonnenaufgangs majestätische Pracht beschrieben; dort wird geklagt über schlechtes Wetter, über getäuschte Erwartungen, über den Nebel, der alle Aussicht versperrt. »Benebelt herauf gekommen und benebelt hinunter gegangen!« ist ein stehender Witz, der hier von Hunderten nachgerissen wird. Das ganze Buch riecht nach Käse, Bier und Tabak…

Während ich nun besagtermaßen Kaffee trank und im Brockenbuche blätterte, trat der Schweizer mit hochrothen Wangen herein, und voller Begeisterung erzählte er von dem erhabenen Anblick, den er oben auf dem Thurm genossen, als das reine, ruhige Licht der Sonne, Sinnbild der Wahrheit, mit den nächtlichen Nebelmassen gekämpft, daß es

guten braunen Kaffees

ausgesehen habe wie eine Geisterschlacht, wo zürnende Riesen ihre langen Schwerdter ausstrecken, geharnischte Ritter, auf bäumenden Rossen, einher jagen, Streitwagen, flatternde Banner, abentheuerliche Thierbildungen aus dem wildesten Gewühle hervor tauchen, bis endlich Alles in den wahnsinnigsten Verzerrungen zusammen kräuselt, blasser und blasser zerrinnt, und spurlos verschwindet. Diese demagogische Naturerscheinung hatte ich versäumt, und ich kann, wenn es zur Untersuchung kommt, eidlich versichern: daß ich von nichts weiß, als vom Geschmack des guten braunen Kaffees. Ach, dieser war sogar Schuld, daß ich meine schöne Dame vergessen, und jetzt stand sie vor der Thür, mit Mutter und Begleiter, im Begriff, den Wagen zu besteigen. Kaum hatte ich noch Zeit, hin zu eilen und ihr zu versichern, daß es kalt sey. Sie schien unwillig, daß ich nicht früher gekommen; doch ich glättete bald die mißmüthigen Falten ihrer schönen Stirn, indem ich ihr eine wunderliche Blume schenkte, die ich den Tag vorher, mit halsbrechender Gefahr, von einer steilen Felsenwand gepflückt hatte. Die Mutter verlangte den Namen der Blume zu wissen, gleichsam als ob sie es unschicklich fände, daß ihre Tochter eine fremde, unbekannte Blume vor die Brust stecke - denn wirklich, die Blume erhielt diesen beneidenswerthen Platz, was sie sich gewiß gestern auf ihrer einsamen Höhe nicht träumen ließ. Der schweigsame Begleiter öffnete jetzt auf einmal den Mund, zählte die Staubfäden der Blume und sagte ganz trocken: sie gehört zur achten Classe.

Es ärgert mich jedesmal, wenn ich sehe, daß man auch Gottes liebe Blumen, eben so wie uns, in Casten getheilt hat, und nach ähnlichen Aeußerlichkeiten, nämlich nach Staubfäden-Verschiedenheit. Soll doch mahl eine Eintheilung statt finden, so folge man dem Vorschlage Theophrasts, der die Blumen mehr nach dem Geiste, nämlich nach ihrem Geruch, eintheilen wollte. Was mich betrifft, so habe ich in der Naturwissenschaft mein eigenes System, und demnach theile ich Alles ein: in dasjenige, was man essen kann, und in dasjenige, was man nicht essen kann.

Die Harzreise

Der Tee

Der Schauplatz der Geschichte, die ich jetzt erzählen will, sind wieder die Bäder von Lukka.

Fürchte dich nicht, deutscher Leser, es ist gar keine Politik darin, sondern bloß Philosophie, oder vielmehr eine philosophische Moral, wie du es gern hast. Es ist wirklich sehr politisch von dir, wenn du von Politik nichts wissen willst; du erführest doch nur Unangenehmes oder Demüthigendes. Meine Freunde waren mit Recht über mich ungehalten, daß ich mich die letzten Jahre fast nur mit Politik beschäftigt und sogar politische Bücher herausgab. »Wir lesen sie zwar nicht - sagten sie - aber es macht uns schon ängstlich , daß so etwas in Deutschland gedruckt wird, in dem Lande der Philosophie und der Poesie. Willst du nicht mit uns träumen, so wecke uns wenigstens nicht aus dem süßen Schlafe. Laß du die Politik, verschwende nicht daran deine schöne Zeit, vernachlässige nicht dein schönes Talent für Liebeslieder, Tragödien, Novellen, und gebe uns darin deine Kunstansichten oder irgend eine gute philosophische Moral.«

Wohlan, ich will mich ruhig, wie die Anderen, aufs träumerische Polster hinstrecken, und meine Geschichte erzählen. Die philosophische Moral, die darin enthalten seyn soll, besteht in dem Satze: daß wir zuweilen lächerlich werden können, ohne im Geringsten selbst daran Schuld zu seyn. Eigentlich sollte ich bey diesem Satze in der ersten Person des Singularis sprechen - nun ja, ich will es , lieber Leser, aber ich bitte dich, stimme nicht ein in ein Gelächter, das ich nicht verschuldet. Denn ist es meine Schuld, daß ich einen guten Geschmack habe, und daß guter Thee mir gut schmeckt? Und ich bin ein dankbarer Mensch, und als ich in den Bädern von Lukka war, lobte ich meinen Hauswirth, der mir dort so guten Thee gab, wie ich ihn noch nie getrunken. Dieses Loblied hatte ich auch bey Lady W o o l e n, die mit mir in demselben Hause wohnte, sehr oft angestimmt, und diese Dame wunderte sich darüber um so mehr, da sie, wie sie klagte, trotz allen Bitten von unserem Hauswirthe keinen guten Thee erhalten konnte, und deßhalb genöthigt war, ihren Thee per

Estafette aus Livorno kommen zu lassen - »der ist aber himmlisch!« setzte sie hinzu und lächelte göttlich. Milady, erwiederte ich, ich wette, der meinige ist noch viel besser. Die Damen, die zufällig gegenwärtig, wurden jetzt von mir zum Thee eingeladen, und sie versprachen des anderen Tages um sechs Uhr auf jenem heiteren Hügel zu erscheinen, wo man so traulich beysammensitzen und ins Thal hinabschauen kann.

Die Stunde kam, Tischchen gedeckt, Butterbrödchen geschnitten, Dämchen vergnügt schwatzend - aber es kam kein Thee. Es war sechs, es wurde halb sieben, die Abendschatten ringelten sich wie schwarze Schlangen um die Füße der Berge, die Wälder dufteten immer sehnsüchtiger, die Vögel zwitscherten immer dringender - aber es kam kein Thee. Die Sonnenstralen beleuchteten nur noch die Häupter der Berge, und ich machte die Damen darauf aufmerksam, daß die Sonne nur zögernd scheide, und sichtbar ungern die Gesellschaft ihrer Mitsonnen verlasse. Das war gut gesagt - aber der Thee kam nicht. Endlich, endlich, mit seufzendem Gesichte, kam mein Hauswirth, und frug: ob wir nicht Sorbett statt des Thees genießen wollten? Thee! Thee! riefen wir alle einstimmig. Und zwar denselben - setzte ich hinzu - den ich täglich trinke. »Von demselben, Excellenzen? Es ist nicht möglich!« Weßhalb nicht möglich? rief ich verdrießlich. Immer verlegener wurde mein Hauswirth, er stammelte, er stockte, nur nach langem Sträuben kam er zu einem Geständniß - und es löste sich das schreckliche Räthsel.

Mein Herr Hauswirth verstand nemlich die bekannte Kunst, den Theetopf, woraus schon getrunken worden, wieder mit ganz vorzüglich heißem Wasser zu füllen, und der Thee, der mir so gut geschmeckt, und wovon ich so viel geprahlt, war nichts anders, als der jedes malige Aufguß von demselben Thee, den meine Hausgenossinn, Lady W o o l e n, aus Livorno kommen ließ.

Die Berge rings um den Bädern von Lukka haben ein ganz außerordentliches Echo, und wissen ein lautes Damengelächter gar vielfach zu wiederholen.

Aus den Reisebildern

Yolante

I.

Diese Damen, sie verstehen
Wie man Dichter ehren muß:
Gaben mir ein Mittagessen,
Mir und meinem Genius.

Ach! die Suppe war vortrefflich,
Und der Wein hat mich erquickt,
Das Geflügel, das war göttlich,
Und der Hase war gespickt.

Sprachen, glaub' ich, von der Dichtkunst,
Und ich wurde endlich satt;
Und ich dankte für die Ehre,
Die man mir erwiesen hat.

II.

In welche soll ich mich verlieben,
Da beide liebeswürdig sind?
Ein schönes Weib ist noch die Mutter,
Die Tochter ist ein schönes Kind.

Die weißen, unerfahrnen Glieder,
Sie sind so rührend anzusehn!
Doch reitzend sind geniale Augen,
Die unsre Zärtlichkeit verstehn.

Es gleicht mein Herz dem grauen Freunde,
Der zwischen zwey Gebündel Heu
Nachsinnlich grübelt, welch' von beiden
Das allerbeste Futter sey.

und Marie

III.

Die Flaschen sind leer, das Frühstück war gut,
Die Dämchen sind rosig erhitzet;
Sie lüften das Mieder mit Uebermuth,
Ich glaube sie sind bespitzet.

Die Schulter wie weiß, die Brüstchen wie nett!
Mein Herz erbebet vor Schrecken.
Nun werfen sie lachend sich aufs Bett,
Und hüllen sich ein mit den Decken.

Sie ziehen nun gar die Gardinen vor,
Und schnarchen am End' um die Wette.
Da steh' ich im Zimmer, ein einsamer Thor,
Betrachte verlegen das Bette.

Neue Gedichte

Im Ratskeller

Glücklich der Mann, der den Hafen erreicht hat,
Und hinter sich ließ das Meer und die Stürme,
Und jetzo warm und ruhig sitzt
Im guten Rathskeller zu Bremen.

Wie doch die Welt so traulich und lieblich
Im Römerglas' sich wiederspiegelt,
Und wie der wogende Mikrokosmus
Sonnig hinabfließt in's durstige Herz!
Alles erblick' ich im Glas,
Alte und neue Völkergeschichte,
Türken und Griechen, Hegel und Gans,
Zitronenwälder und Wachtparaden,
Berlin und Schilda und Tunis und Hamburg,
Vor allem aber das Bild der Geliebten,
Das Engelköpfchen auf Rheinweingoldgrund.

O, wie schön! wie schön bist du, Geliebte!
Du bist wie eine Rose!
Nicht wie die Rose von Schiras,
Die hafisbesungene Nachtigallbraut;
Nicht wie die Rose von Saron,
Die heiligrothe, prophetengefeierte; -
Du bist wie die Ros' im Rathskeller zu Bremen.
Das ist die Rose der Rosen,
Je älter sie wird, je lieblicher blüht sie,
Und ihr himmlischer Duft, er hat mich beseligt,
Er hat mich begeistert, er hat mich berauscht,
Und hielt mich nicht fest, am Schopfe fest,
Der Rathskellermeister von Bremen,
Ich wäre gepurzelt!

Der brave Mann! wir saßen beisammen
Und tranken wie Brüder,
Wir sprachen von hohen, heimlichen Dingen,
Wir seufzten und sanken uns in die Arme,
Und er hat mich bekehrt zum Glauben der Liebe, -
Ich trank auf das Wohl meiner bittersten Feinde,
Und allen schlechten Poeten vergab ich,
Wie einst mir selber vergeben soll werden, -
Ich weinte vor Andacht, und endlich
Erschlossen sich mir die Pforten des Heils,
Wo die zwölf Apostel, die heil'gen Stückfässer,
Schweigend pred'gen, und doch so verständlich
Für alle Völker.

zu Bremen

Das sind Männer!
Unscheinbar von außen, in hölzernen Röcklein,
Sind sie von innen schöner und leuchtender
Denn all die stolzen Leviten des Tempels
Und des Herodes Trabanten und Höflinge,
Die goldgeschmückten, die purpurgekleideten -
Hab' ich doch immer gesagt,
Nicht unter ganz gemeinen Leuten,
Nein, in der allerbesten Gesellschaft,
Lebte beständig der König des Himmels!

Hallelujah! Wie lieblich umwehen mich
Die Palmen von Beth El!
Wie duften die Myrrhen von Hebron!
Wie rauscht der Jordan und taumelt vor Freude!
Auch meine unsterbliche Seele taumelt,
Und ich taum'le mit ihr und taumelnd
Bringt mich die Treppe hinauf, an's Tagslicht,

Der brave Rathskellermeister von Bremen.
Du braver Rathskellermeister von Bremen!
Siehst du, auf den Dächern der Häuser sitzen
Die Engel und sind betrunken und singen;
Die glühende Sonne dort oben
Ist nur eine rothe, betrunkene Nase,
Die Nase des Weltgeist's;
Und um die rothe Weltgeist-Nase
Dreht sich die ganze, betrunkene Welt.

Buch der Lieder

Bierspezialitäten und Liebestränke

Zippel war der Name einer noch nicht sehr alten Person, welche eigentlich Sibille hieß, meine erste Wärterinn war und auch später im Hause blieb. Sie befand sich zufällig im Zimmer (...) wo die alte Flader mir so viele Lobsprüche ertheilte und die Schönheit des Kindes bewunderte. Als die Zippel diese Worte hörte, erwachte in ihr der alte Volkswahn, daß es den Kindern schädlich sey wenn sie solchermaßen gelobt werden, und um das Uebel abzuwenden womit sie mich bedroht glaubte, nahm sie Zuflucht zu dem vom Volksglauben als probat empfohlenen Mittel, welches darin besteht, daß man das gelobte Kind dreymal anspucken muß. Sie kam auch gleich auf mich zu gesprungen und spuckte mir hastig dreymal auf den Kopf. Doch dieses war erst ein provisorisches Bespeyen, denn die Wissenden behaupten daß wenn die fatale Lobspende von einer Hexe gemacht worden, so könne der böse Zauber nur durch eine Person gebrochen werden, die ebenfalls eine Hexe, und so entschloß sich die Zippel noch denselben Tag zu einer Frau zu gehen die ihr als Hexe bekannt war und ihr auch, wie ich später erfahren, manche Dienste durch ihr Geheimniß und verbotene Kunst geleistet hatte. Diese Hexe bestrich mir mit ihrem Daumen den sie mit Speichel angefeuchtet, den Scheitel des Hauptes, wo sie einige Haare abgeschnitten; auch andre Stellen bestrich sie solchermaßen, während sie allerley Abrakadabra-Unsinn dabey murmelte, und so ward ich vielleicht schon frühe zum Teufelspriester ordinirt. Jedenfalls hat diese Frau, deren Bekanntschaft mir seitdem verblieb, mich späterhin als ich schon erwachsen in die geheime Kunst iniziirt. Ich bin zwar selbst kein Hexenmeister geworden, aber ich weiß wie gehext wird und besonders weiß ich was keine Hexerey ist. Jene Frau nannte man die Meisterinn, oder auch die Göchinn, weil sie aus Goch gebürtig war, wo auch ihr verstorbener Gatte, der das verrufene Gewerbe eines Scharfrichters trieb, sein Domizil hatte und von nah und fern zu Amtsverrichtungen gerufen wurde. Man wußte daß er seiner Wittwe mancherley Arkana hinterlassen und diese verstand es diesen Ruf auszubeuten.

Ihre besten Kunden waren Bierwirthe, denen sie die Todtenfinger verkaufte, die sie noch aus der Verlassenschaft ihres Mannes zu

besitzen vorgab. Das sind Finger eines gehenkten Diebes und sie dienen dazu das Bier im Fasse wohlschmeckend zu machen und zu vermehren. Wenn man nemlich den Finger eines Gehenkten, zumal eines unschuldig Gehenkten an einem Bindfaden befestigt im Fasse hinabhängen läßt, so wird das Bier dadurch nicht bloß wohlschmeckender sondern man kann aus besagtem Fasse doppelt, ja vierfach so viel zapfen wie aus einem gewöhnlichen Fasse von gleicher Größe. Aufgeklärte Bierwirthe pflegen ein razionaleres Mittel anzuwenden, um das Bier zu vermehren, aber es verliert dadurch an Stärke. Auch von jungen Leuten zärtlichen Herzens hatte die Meisterinn viel Zuspruch und sie versah sie mit Liebestränken, denen sie in ihrer charlatanischen Latinitätswuth, wo sie das Latein noch lateinischer klingen lassen wollte, den Namen eines *Philtrariums* ertheilte; den Mann der den Trank seiner Schönen eingab nannte sie den *Philtrarius* und dic Dame hieß dann die *Philtrariata.* Es geschah zuweilen daß das *Philtrarium* seine Wirkung verfehlte oder gar eine entgegengesetzte hervorbrachte; so hatte z. B. ein ungeliebter Bursche, der seine spröde Schöne beschwatzt hatte mit ihm eine Flasche Wein zu trinken ein *Philtrarium* in ihr Glas gegossen und er bemerkte auch in dem Benehmen seiner Philtrariata, sobald sie getrunken hatte eine seltsame Veränderung, eine gewisse Benautigkeit, die er für den Durchbruch einer Liebesbrunst hielt, und sich dem großen Momente nahe glaubte - aber ach! als er die Erröthende jetzt gewaltsam in seine Arme schloß, drang ihm ein Duft in die Nase, der nicht zu den Parfümerien Amors gehörte, er merkte daß das *Philtrarium* vielmehr als ein *Laxarium* agirte und seine Leidenschaft ward dadurch gar widerwärtig abgekühlt. Die Meisterinn rettete den Ruf ihrer Kunst indem sie behauptete den unglücklichen *Philtrarius* mißverstanden und geglaubt zu haben er wolle von seiner Liebe geheilt seyn. Besser als alle ihre Liebestränke waren die Rathschläge womit die Meisterinn ihre Philtrarien begleitete; sie rieth nemlich immer etwas Gold in der Tasche zu tragen, indem Gold sehr gesund sey und besonders dem Liebenden Glück bringe. Wer erinnert sich nicht hier an des ehrlichen Jagos Worte im Othello wenn er dem verliebten Rodrigo sagt: *take money in your pocket!*

»Memoiren«

Erinnerungen an den

Mir lodert und wogt im Hirn eine Fluth
Von Wäldern, Bergen und Fluren;
Aus dem tollen Wust tritt endlich hervor
Ein Bild mit festen Conturen.

Das Städtchen das mir im Sinne schwebt
Ist Godesberg, ich denke.
Dort wieder unter dem Lindenbaum
Sitz ich vor der alten Schenke.

Der Hals ist mir trocken, als hätt ich
verschluckt
Die untergehende Sonne.
Herr Wirth! Herr Wirth! eine Flasche Wein
Aus Eurer besten Tonne.

Es fließt der holde Rebensaft
Hinunter in meine Seele
Und löscht bey dieser Gelegenheit
Den Sonnenbrand der Kehle.

Und noch eine Flasche, Herr Wirth,
ich trank
Die erste in schnöder Zerstreuung,
Ganz ohne Andacht! Mein edler Wein
Ich bitte dich drob um Verzeihung.

Ich sah hinauf nach dem Drachenfels,
Der hochromantisch beschienen
Vom Abendroth, sich spiegelt im Rhein
Mit seinen Burgruinen.

Ich horchte dem fernen Winzergesang
Und dem kecken Gezwitscher der Finken -
So trank ich zerstreut und an den Wein
Dacht' ich nicht während dem Trinken.

Jetzt aber steck ich die Nase ins Glas,
Und ernsthaft zuvor beguck ich
Den Wein den ich schlucke, manchmal auch
Ganz ohne zu gucken, schluck ich.

Doch sonderbar! Während dem Schlucken
wird mir
Zu Sinne als ob ich verdoppelt,
Ein andrer armer Schlucker sey
Mit mir zusammengekoppelt.

Der sieht so krank und elend aus
So bleich und abgemergelt.
Gar schmerzlich verhöhnend schaut er
mich an,
Wodurch er mich seltsam nergelt.

›Schaumburger Hof‹

Der Bursche behauptet er sey ich selbst,
Wir wären nur eins wir beide,
Wir wären ein einziger armer Mensch,
Der jetzt am Fieber leide.

Nicht in der Schenke von Godesberg,
In einer Krankenstube
Des fernen Paris befänden wir uns -
Du lügst du bleicher Bube.

Du lügst, ich bin so gesund und roth
Wie eine blühende Rose,
Auch bin ich stark, nimm dich in Acht,
Daß ich mich nicht erbose.

Er zuckt die Achsel und seufzt: O Narr!
Das hat meinen Zorn entzügelt;
Und mit dem verdammten zweiten Ich
Hab ich mich endlich geprügelt.

Doch sonderbar jedweder Puff,
Den ich dem Burschen ertheile
Empfinde ich am eignen Leib,
Und ich schlage mir Beule auf Beule.

Bey dieser fatalen Balgerey
Ward wieder der Hals mir trocken,
Und will ich rufen nach Wein den Wirth,
Die Worte im Munde stocken.

Mir schwinden die Sinne und traumhaft hör ich
Von Kataplasmen reden
Auch von der Mixtur - ein Eßlöffel voll -
Zwölf Tropfen stündlich in jeden.

Aus dem Nachlaß

Die Wanderratten

Es giebt zwey Sorten Ratten
Die hungrigen und satten
Die Satten bleiben vergnügt zu Haus,
Die Hungrigen aber wandern aus

Sie wandern viel tausend Meilen
Ganz ohne Rasten und Weilen
Gradaus in ihrem grimmigen Lauf
Nicht Wind noch Wetter hält sie auf. (...)

Der sinnliche Rattenhaufen
Er will nur fressen und saufen,
Er denkt nicht während er säuft und frist,
Daß unsre Seele unsterblich ist.

So eine wilde Ratze
Die fürchtet nicht Hölle nicht Katze,
Sie hat kein Gut, sie hat kein Geld
Und wünscht aufs neue zu theilen die Welt.

Die Wanderratten, O Wehe!
Sie sind schon in der Nähe,
Sie rücken heran, ich höre schon
Ihr Pfeifen, die Zahl ist Legion.

O Wehe! wir sind verloren
Sie sind schon vor den Thoren!
Der Bürgermeister und Senat,
Sie schütteln die Köpfe und keiner weiß Rath.

Die Bürgerschaft greift zu den Waffen,
Die Glocken läuten die Pfaffen.
Gefährdet ist das Paladium
Des sittlichen Staats, das Eigenthum.

Nicht Glockengeläute, nicht Pfaffengebete
Nicht hochwohlweise Senatsdekrete
Auch nicht Kanonen, viel hundertpfünder,
Sie helfen Euch heute, Ihr lieben Kinder.

Heut helfen Euch nicht die Wortgespinste
Der abgelebten Redekünste.
Man fängt nicht Ratten mit Syllogismen
Sie springen über die feinsten Sophismen

Im hungrigen Magen Eingang finden
Nur Suppenlogik mit Knödelgründen
Nur Argumente von Rinderbraten
Begleitet mit göttinger Wurst-Citaten.

Ein schweigender Stockfisch in Butter gesotten
Behaget den radikalen Rotten
Viel besser als ein Mirabeau
Und alle Redner seit Cicero.

Aus dem Nachlaß

Sauerbraten mit Rosinensauce

für 4 Portionen:

1 Zwiebel • 1 Möhre
2 Zweige Thymian
1/2 Tl Pfefferkörner
1 Lorbeerblatt • 4 El Olivenöl
7 El alter Balsamessig
4 - 5 El süße Sojasauce
4 Filetsteaks (à 180 g)
Pfeffer (a. d. Mühle)
50 g Rosinen
4 El Myers's Rum
30 g Butterschmalz
Salz
1 - 1 1/2 El Rübensirup
125 ml Rinderfond

... Argumente von

Zwiebel und Möhre schälen und sehr fein würfeln. Den Thymian abzupfen, in einer Arbeitsschale mit Pfeffer, Lorbeer und den Gemüsewürfeln mischen. Das Öl, 4 El Balsamessig und 3 El Sojasauce verrühren und darübergießen.

Das Fleisch darin wenden und abgedeckt möglichst über Nacht marinieren, dabei mehrfach wenden.

Die Rosinen mit Rum beträufeln und abgedeckt über Nacht durchziehen lassen.

Die Fleischscheiben aus der Marinade nehmen und Zimmertemperatur annehmen lassen.

Dann mit Küchenpapier trocknen und mit Pfeffer würzen. Im heißen Butterschmalz von jeder Seite 1 Minute scharf anbraten. Mit Salz würzen, aus der Pfanne nehmen und im vorge-

Rinderbraten mit Knödelgründen

heizten Backofen bei 160 Grad (Gas 2, Umluft 140 Grad) auf der 2. Einschubleiste von oben 7 Minuten nachziehen lassen.

Den Bratsatz mit restlicher Sojasauce und Balsamessig löschen, Sirup und Fond dazugießen und bei starker Hitze aufkochen.

Die Rumrosinen unterrühren und die Sauce bis zur gewünschten Konsistenz einkochen. Dann mit Salz abschmecken, mit Pfeffer nachwürzen und mit dem Fleisch anrichten.

Dazu passen kleine Kartoffelknödel oder Strohkartoffeln, Rotkohl und Apfel-Chutney.

Nachwort

von Jan-Christoph Hauschild

Er war, wie wir wissen, kein Kostverächter. Bei Leibe nicht. Er liebte dicke Frauen und Dampfnudeln. Vielleicht dachte er, je mehr Fleisch, desto größer die Sünde...

In der Naturlehre hatte er ein ganz eigenes System und unterschied ganz einfach das, was man essen kann, von dem, was man nicht essen kann. »Es gab eine Zeit, wo ich jedem Kapuziner, dem ich auf der Straße begegnete, gläubig die Hand küßte. Ich war ein Kind, und mein Vater ließ mich ruhig gewähren, wohl wissend, daß meine Lippen sich nicht immer mit Kapuzinerfleisch begnügen würden. Und in der That, ich wurde größer und küßte schöne Frauen...«

Besonders für Köchinnen hatte er viel übrig und hätschelte sie, bis sie ihm ganz zu Willen waren. Seine Küchenregentin in der rue d'Amsterdam erhob er gar zum Genie, wußte sie doch ein jüdisches Schalet zu bereiten, das himmlische Wonnen vorwegnahm. Mit den von ihm in Werken und Briefen erwähnten Speisen läßt sich ein hübsches Köchel-Verzeichnis füllen:

Suppen

Zuppa mit Parmesankäse

Gerstensuppe

Petersiliensuppe

Krebssuppe

Schildkrötensuppe

Entremets

Pommersche Gänsebrüste

Spiegeleier mit Bücklingen

Flußkrebse

Austern

Kaviar

Trüffel in Burgunder

Tagliarini

Makkaroni

Ravioli mit Parmesankäse

Eierkuchen mit Schinken

Fische

Forellen

Lachs

Schellfisch mit Knoblauch- und Selleriebrühe

Karpfen in brauner Rosinensauce

Stockfisch in Butter gebraten

Geflügel

Krammetsvögel mit Apfelmus

Truthähne mit Trüffeln

Gänsebraten

Fleischgerichte

Hamburger Rauchfleisch

Roastbeef

Ochsenfilet

Kalbsbraten

Hammelbraten

Gedämpftes Hammelfleisch mit Knoblauch und Meerrettich

Stufato

Schweinskopf

Kalbsfüße

Rindsmaul

Ochsenzunge

Gedämpftes Kalbshirn

Göttinger Wurst

Klöße mit Sauerkohl

Beilagen

Rotkohl

Selleriegemüse

Sauerkraut

Brokkoli

Verschiedene Gemüse in Wasser gekocht, mit zwei Saucen

Spinat

Grünkohl mit gestowten Kastanien

Spargel

Gefüllte Zwiebeln

Mehlspeisen

Dampfnudeln

Pfannkuchen mit Speck und Äpfeln

Yorkshirer Plumpudding mit Cognac flambiert

Berliner Pfannkuchen

Dessert

Apfeltörtchen

Wiener Torte

Zitronentorte

Eis im Teigmantel

Walderdbeeren

Eingemachte Ananas

Apfelsinen

Heines »Leibspeisen« muten dagegen fast frugal an: roher westfälischer Schinken, dazu ein 25er Johannisberger; Hammelfleisch mit Teltower Rübchen, begleitet von einer halben Flasche Haut-Sauternes. Oder einfach ein Dutzend Austern, dazu einen Clos de Vougeot, die Bouteille zu drei Taler.

Vieles, nicht viel: Heinrich Heine war ein Genießer mit Maß. Ganz anders seine Eheliebste: Mathilde aß gut und gern. »Eine starke Esserin« nannte sie Alexandre Weill. »Bei sich zuhause schlürfte sie zunächst ein Dutzend Austern, dann verspeiste sie zwei Beefsteaks und trank eine halbe Flasche puren Wein dazu, auf die Gefahr hin, etwas beschwipst zu werden, obgleich sie sich niemals betrank (...). Nicht als ob Frau Heine eine Feinschmeckerin gewesen wäre; ihr häusliches Menü war von patriarchalischer Einfachheit: ein Fisch, ein Stück Kalbs- oder Hammelbraten, Salat und Käse. Aber diese Fleischstücke waren dick und saftig, und Frau Heine sprach ihnen mehr zu als ihr Gatte, der eine feine Zunge hatte, den Sauterne schätzte und ihn dem Champagner gleich welcher Herkunft vorzog. Daher ging er zum Essen lieber ins Restaurant.« Bereits 1837 meinte Heine in einem Gedicht auf seine »Frau Geliebte«, »ihre Taille (...) könnt ein bischen schmähler seyn«. Besucher des Jahres 1839 beschreiben ihre Figur vorsichtig als »üppig«. Drei Jahre später verriet Heine einem Freund, Mathilde werde »täglich korpulenter«. Im November 1849 fiel das »süße, dicke Kind« beim Gardinenaufhängen vom Tisch und verrenkte sich den Fuß. Monatelang konnte sie nun nicht ausgehen und saß mit hochgelegtem Fuß im Lehnsessel. Wiederum ein Jahr später, Mathilde hatte soeben ihren fünfunddreißigsten Geburtstag gefeiert, konstatierte Heine bereits ein Gewicht von 180 Pfund, und ein Ende war noch nicht erreicht: Sie wird »entsetzlich dick«, hieß es erneut unter dem Datum des 12. Mai 1851. Sein Hamburger Verleger Julius Campe, der Mathilde 1844 in Hamburg kennenlernte, fand sie elf Jahre später bei einem Besuch in Paris als »dicke wabblige Person« wieder.

»Madame Einné« überlebte ihren Gatten um fast drei Jahrzehnte, ihre Hausgenossen waren ihre Freundin Pauline mit dem Melonenhintern, Dutzende von Kanarienvögeln und zwei fett gemästete, schnaufende weiße Bologneserhunde.

Was ist Liebe? Liebe macht hitzig und vergeht wie der Rauch im Wind. Der Appetit bleibt:

»Es geht am End, es ist kein Zweifel,
Der Liebe Glut sie geht zum Teufel.
Sind wir einmal von ihr befreyt
Beginnt für uns die bessre Zeit
Das Glück der kühlen Häuslichkeit.
Der Mensch genießet dann die Welt,
Die immer lacht fürs liebe Geld,
Er speist vergnügt sein Leibgericht
Und in den Nächten wälzt er nicht
Schlaflos sein Haupt, er ruhet warm
In seiner treuen Gattinn Arm«.

Aus dem Nachlaß

Seit 1848 fesselte eine schwere Krankheit Heine ans Bett. Drastisch führte er im Nachwort zum Romanzero vor Augen, welch durchgreifende Revolution sich bei ihm an Geist und Körper vollzogen hatte. Vorbei die Zeiten, als er »noch etwas Fleisch und Heidenthum« an sich hatte: Zu einem »spiritualistischen Skelette« sei er »abgemagert, das jetzt seiner gänzlichen Auflösung entgegenharrt«. Doch auch als fast vollständig gelähmter Patient in der »Matratzengruft« verzichtete er nicht auf die Genüsse des Magens. Morgens wurde ihm ein kräftiges Frühstück serviert, das aus einem aus Milch, Schokolade und Reis zubereiteten warmen Getränk, aus »feinem halbgebratenem Rindfleisch«, Früchten und verdünntem, leicht gezuckertem Bordeaux bestand.

»Das Essen war der einzige physische Genuß, der ihm nicht versagt war. (...) Was er nur wünschen konnte und durfte, wurde ihm aufgetischt und er verzehrte die feinsten Bissen und in gewissen Jahreszeiten die seltensten Früchte, mit dem Appetite eines Gesunden.« Mittags bevorzugte er »gebratenes Geflügel, Kalbskoteletts, leichtes Gemüse«. »Eine Flasche feinen Bordeauxweines muß im Verlaufe des Tages die ermattenden Lebensgeister auffrischen«. Wegen seiner wechselnden Befindlichkeit verschob sich das 18-Uhr-Diner oftmals bis in die späte Nacht oder den frühen Morgen.

Ungebrochen war auch der Sinn für Erotik: Die Imaginationen, wie sie sich in den Texten der Spätzeit manifestieren, reichen von der Schilderung anrüchiger Modetänze bis zur Darstellung naivsinnlicher Bacchanalien oder eines wüsten erotischen Hexensabbats. Einmal verlor sich seine Phantasie gar in der Vorstellung vom »Beyschlaf mit Engeln«, den Heine sich als »fliegenden Genuß im Himmel« vorstellte, mit ausgebreiteten Flügeln, wie »Maykäfer die auf einander hockend umherfliegen«.

Heine wußte auch um die Existenz des Hungers, und das veranlaßte ihn bereits früh, die Menschen in zwei Klassen einzuteilen, nämlich in »Satte« und »Hungerleider«. Damit war die soziale Frage berührt, oder, wie er es nannte, »die große Suppenfrage«, in der, wie er dreißig Jahre später konstatierte, »jetzt tausend verdorbene Köche herumlöffeln.« Skepsis gegenüber politischen Patentrezepten ließ Heine niemals zum Parteigänger einer menschheitsbeglückenden Ideologie werden. Noch weniger glaubte er freilich an die Daseinsberechtigung des restaurativen Systems. Die satte Selbstzufriedenheit der Julimonarchie konnte ihm ebensowenig gefallen. Angst beschlich ihn vor Republikanern, die »im Staate allgemeine Küchengleichheit einführen« wollten, vor einem Sozialstaat, »wo für uns alle dieselbe spartanische schwarze Suppe gekocht werden soll, und was noch schrecklicher, wo der Riese auch dieselbe Portion bekäme, deren sich Bruder Zwerg zu erfreuen hätte«. Doch bei aller Zurückhaltung hielt er an der geradezu religiösen Vision einer umfassenden Emanzipation der Menschheit von Ausbeutung und Unterdrückung fest. Die Verheißung der Kommunisten, wonach »alle Menschen das Recht haben, zu essen«, ließ ihn fast zu ihrem Anhänger werden; jedenfalls war er bereit, für die Einlösung dessen selbst die schönen Künste zum Teufel gehen zu lassen, einschließlich seiner eigenen Gedichte.

Er wußte, daß er diesen Tag nicht mehr erleben würde. Aber er träumte davon, träumte nicht von einer Nacht der langen Messer oder von einem jüngsten Gericht, sondern von der Revolution als dem »großen Versöhnungsmahl«. Gewiß, bei solcher Nachricht würden den Italienern vor Überraschung die Makkaroni und den Iren die Kartoffeln im Halse steckenbleiben, doch am Ende säßen alle als glückliche Gäste an einer gemeinsamen Tafel. »Liebe Freunde, wir sind alle Götter, die gut zu abend gespeist haben!«

J.-C. H.

Auskünfte zu Leben und Werk von Heinrich Heine (1797-1856)

1797-1815 DÜSSELDORF
1797 13. Dezember (Datum unsicher): Harry Heine wird in Düsseldorf als erstes von vier Kindern des Kaufmanns Samson Heine (1764-1828) und seiner Frau Peira (»Betty«), geb. van Geldern (1771-1859), geboren.
1809-1814 Besuch des Düsseldorfer Lyzeums.
1811 November: Kurzer Aufenthalt Napoleons in Düsseldorf.

1815 FRANKFURT
1815 September/Oktober: Besuch der Messe in Frankfurt.
Anschließend kaufmännische Praktika bei einem Bankhaus und einer Kolonialwarenhandlung.

1816-1819 HAMBURG
1816 Juni: Eintritt als Lehrling ins Bankhaus Heckscher & Co., dessen Inhaber sein Onkel Salomon Heine (1767-1844) ist.
Erste Gedichtveröffentlichungen in der Zeitschrift *Hamburgs Wächter* unter dem Pseudonym Sy. Freudhold Riesenharf.
1818 Juni: Provisorische Aufnahme in die jüdische Gemeinde.
Eröffnung eines Kommissionsgeschäfts für englische Manufakturwaren.
1819 Februar: Zusammen mit der hochverschuldeten Textilhandlung des Vaters in Düsseldorf wird auch die Firma »Harry Heine & Comp.« in Hamburg liquidiert.
Wintersemester: Beginn eines vom Onkel Salomon finanzierten Jurastudiums.

1819-1820 BONN
1819 Dezember: Immatrikulation an der Universität Bonn; neben seinen Pflichtfächern hört er vor allem Vorlesungen zu Geschichte und Literatur. Er wird in die Burschen-

	schaft aufgenommen. Nähere Bekanntschaft mit seinem akademischen Lehrer August Wilhelm von Schlegel.
1820-1821	GÖTTINGEN
1820	Oktober: Wechsel an die Universität Göttingen. Dezember: Ausschluß aus der Burschenschaft wegen »Unkeuschheit«.
1821	Januar: Aufgrund einer Duellforderung wird Heine durch das Universitätsgericht für ein Semester von der Universität verwiesen.
1821-1824	BERLIN
1821	April: Immatrikulation an der Universität Berlin, wo Heine u.a. Philosophievorlesungen bei G.W.F. Hegel besucht. Er verkehrt in den Salons des Ehepaars Rahel und Karl August Varnhagen von Ense und Elise von Hohenhausens. Bekanntschaft u.a. mit Chamisso, Fouqué, Grabbe, Alexander von Humboldt. Dezember: Heine veröffentlicht sein erstes Buch *Gedichte*.
1822	August: Mitglied des »Vereins für Cultur und Wissenschaft der Juden«.
1823	Der Band *Tragödien, nebst einem lyrischen Intermezzo* erscheint.
1824-1825	GÖTTINGEN
1824	Januar: Heine immatrikuliert sich erneut in Göttingen. Vertieftes Jurastudium. Im Herbst Wanderung durch den Harz, anschließend Besuch bei Goethe in Weimar. *Die Harzreise* entsteht.
1825	3. Mai: Juristisches Examen. 28. Juni: Protestantische Taufe auf den Namen Christian Johann Heinrich in Heiligenstadt. 2. Juli: Mit der in lateinischer Sprache geführten Verteidigung von fünf Thesen Abschluß der Promotion zum Dr. juris.
1826-1827	HAMBURG
1826	Januar: Beginn der Verlagsbeziehung mit Julius Campe (1792-1867). Mai: Nach einem von der Zensur entstellten Vorabdruck erscheint *Die Harzreise* im ersten Band der Reisebilder bei Hoffmann & Campe in Hamburg (ferner enthalten:

Die Heimkehr, Die Nordsee I. Abt.).

1827 April: Der zweite Band der *Reisebilder* (er enthält: *Die Nordsee 2. und 3. Abt., Ideen. Das Buch Le Grand, Briefe aus Berlin*) erscheint.
April bis August: Englandreise.
Oktober: Das *Buch der Lieder* erscheint.

1827-1828 MÜNCHEN

1827 November: Übersiedlung nach München. Journalistische Tätigkeit für die *Neuen allgemeinen politischen Annalen* und andere Zeitschriften des Verlags J. G. Cotta.

1828 August bis Dezember: Reise nach Italien.
Dezember: Tod des Vaters.

1829-1831 HAMBURG, POTSDAM, BERLIN

1829 Dezember: Der dritte Band der *Reisebilder* erscheint (er enthält: *Reise von München nach Genua, Die Bäder von Lucca*).

1830 Sommer: Aufenthalt auf Helgoland. Julirevolution in Frankreich.

1831 Januar: Der vierte Band der *Reisebilder* erscheint (er enthält: *Die Stadt Lucca, Englische Fragmente, Schlußwort*).

1831-1856 PARIS

1831 Mai: Übersiedlung nach Paris. Bekanntschaft u.a. mit Balzac, Berlioz, Chopin, Dumas, Hugo, Liszt, Meyerbeer, Rossini, G. Sand, Thiers.
Oktober: Beginn der Korrespondententätigkeit für Cottas »Allgemeine Zeitung« (zunächst bis 1832) mit den Berichten über die jüngste »Gemäldeausstellung in Paris« *(Französische Maler)*.

1832 Januar: Besuch der Versammlungen der Saint-Simonisten.
Dezember: *Französische Zustände* (Hamburg, Hoffmann & Campe).
März-Mai: Beginn der Mitarbeit an französischen Zeitschriften mit *État actuel de la littérature en Allemagne (Die romantische Schule)* in »L'Europe littéraire«.
Juni: *De la France* (Paris, Renduel).
Dezember: *Der Salon,* Band 1 (Hamburg, Hoffmann & Campe).

1834 März/November-Dezember: *De l'Allemagne depuis Luther* in »Revue des deux Mondes«.
Mai: *Tableaux de Voyage* I-II (Paris, Renduel).

Oktober: Beginn der engeren Beziehung zu Augustine Crescence Mirat (1815-1883). Als »Mathilde« wird sie Heines Lebensgefährtin und Ehefrau.

1835 Januar: *Der Salon,* Band 2 (Hamburg, Hoffmann & Campe).
April: *De l'Allemagne* I-II (Paris, Renduel).
November: *Die romantische Schule* (Hamburg, Hoffmann & Campe).
10. Dezember: Totalverbot der literarischen Avantgarde des »Jungen Deutschland« (mit namentlicher Nennung von Heine, Laube, Gutzkow, Wienbarg, Mundt) durch die Deutsche Bundesversammlung.

1836 Januar: Offener Brief *An eine hohe Bundesversammlung* mit Forderung nach Rücknahme des gegen ihn verhängten Veröffentlichungsverbots.

1837 April: Abschluß eines Verlagsvertrags mit Julius Campe über die Rechte an einer Gesamtausgabe auf elf Jahre.
Juli: *Der Salon,* Band 3; *Ueber den Denunzianten* (Hamburg, Hoffmann & Campe).

1838 Februar - April: Heine betreibt die Gründung einer deutschen Zeitung in Paris. Der Plan scheitert an den restriktiven Zensurbestimmungen des Deutschen Bundes.

1839 Januar: Beginn der Jahresrente in Höhe von 4000 (seit der Verheiratung: 4800) Francs durch Salomon Heine.

1840 März: Beginn einer erneuten Serie von Korrespondenzberichten für die »Allgemeine Zeitung« (bis 1848).
April: Beginn der Jahrespension durch die französische Regierung (aus einem Geheimfonds des Außenministeriums) in Höhe von 4800 Francs (bis 1848).
August: *Ludwig Börne. Eine Denkschrift* (Hamburg, Hoffmann & Campe).
Oktober: *Der Salon,* Band 4 (Hamburg, Hoffmann & Campe).

1841 31. August: Kirchliche Trauung mit Mathilde in St. Sulpice.
1. September: Ziviltrauung.
7. September: Pistolenduell mit Salomon Strauß.

1842 November: Heine bewirbt sich um die Gewährung des französischen Heimatrechts (das Gesuch wird wegen fehlender Personaldokumente abgelehnt).

1843 7. März: Heine verfaßt sein Testament und setzt Mathilde als Alleinerbin ein.
September: Bekanntschaft mit Arnold Ruge und Friedrich Hebbel.
Oktober: Deutschlandreise. Aufenthalt in Hamburg.
Dezember: Mit Campe Abschluß eines Verlagsvertrags über die Gesamtausgabe, der

1848 in Kraft treten soll. Rückkehr nach Paris. Bekanntschaft mit Karl Marx.

1844 Januar: Eintritt in die Pariser Freimaurerloge »Trinosophes«.

Februar: *Lobgesänge auf König Ludwig* in den »Deutsch-Französischen Jahrbüchern«.

April: Grenzhaftbefehl des preußischen Innenministers gegen Heine und drei weitere Mitarbeiter der »Jahrbücher«.

Mai: Beginn der Mitarbeit am Pariser »Vorwärts«, wo Heine bis Juli zehn aktuelle *Zeitgedichte* veröffentlicht.

Juli: Grenzhaftbefehl gegen Heine und weitere Mitarbeiter des »Vorwärts« (mehrfach erneuert). Hamburgreise (per Dampfschiff von Le Havre), zunächst in Begleitung von Mathilde (die nach zwei Wochen nach Paris zurückkehrt).

September: *Neue Gedichte* mit *Deutschland. Ein Wintermährchen* (Hamburg, Hoffmann & Campe).

Oktober: Rückkehr nach Paris.

November: Die preußische Regierung interveniert in Paris, um die Ausweisung der »Vorwärts«-Mitarbeiter zu erreichen.

Dezember: Bekanntschaft mit Ferdinand Lassalle. Tod Salomon Heines in Hamburg. Das Testament sieht für Heine die einmalige Zahlung von 8000 Bankomark, nicht aber die Fortzahlung der Jahresrente in Höhe von 4800 Francs vor. Salomons Sohn und Haupterbe Carl Heine bewilligt seinem Cousin eine reduzierte Jahresrente in Höhe von 2000 Francs. Beginn des Erbschaftsstreits (bis Februar 1847). Erhebliche Verschlechterung von Heines Gesundheitszustand.

1846 Januar: Durch Alexander von Humboldt ersucht Heine beim preußischen Innenministerium um Zusicherung freien Geleits für Reisen nach Hamburg und Berlin (die Bitte wird wegen Fortbestehen der Anklage aufgrund von »Majestätsbeleidigung« abgelehnt).

1847 Januar: *Atta Troll. Ein Sommernachtstraum* (Hamburg, Hoffmann & Campe).

Februar: Carl Heine sichert seinem Cousin die unverkürzte Fortzahlung der ursprünglichen Jahresrente zu (später noch beträchtlich erhöht).

1848 Februar-Mai: Aufenthalt in einer Heilanstalt.

März: Bekanntwerden von Heines französischer Staatspension.

April: Rapide Verschlechterung des Gesundheitszustandes (fortschreitende Lähmung; Krämpfe).

Mai: Beginn der Bettlägerigkeit (»Matratzengruft«).

Juli: Beginn der vertraglich vereinbarten Zahlung einer Jahresrente durch Julius Campe in Höhe von 1200 Bankomark.

1851 Oktober: *Romanzero* und *Der Doktor Faust. Ein Tanzpoem* (Hamburg, Hoffmann & Campe).

13. November: Heine errichtet sein rechtsgültiges Testament.

Dezember: Heine beginnt mit Börsenspekulationen.

1854 Januar: Beginn der Arbeit an den Memoiren.

Oktober: *Vermischte Schriften,* I-III (Hamburg, Hoffmann & Campe).

Dezember: Beginn der Arbeit an einer französischen Gesamtausgabe.

1855 Februar: *De l'Allemagne. Nouvelle édition,* I-II (Paris, Lévy).

April: *Lutèce. Lettres sur la Vie politique, artistique et sociale en France* (Paris, Lévy).

Juni: Bekanntschaft mit Elise Krinitz (»Mouche«).

Juli: Heine macht einen neuerlichen Testamentsentwurf. *Poèmes et Légendes* (Paris, Lévy); *Buch der Lieder,* 13. Auflage.

November: Besuch der Geschwister Charlotte und Gustav am Krankenbett.

1856 17. Februar, morgens 5 Uhr: Tod Heines.

20. Februar: Beerdigung auf dem Friedhof Montmartre.

Der Herausgeber

Jan-Christoph Hauschild wurde 1955 in Leinsweiler bei Landau in Rheinland-Pfalz geboren. Während seines Studiums der Germanistik, Geschichte und Erziehungswissenschaften an der Heinrich-Heine-Universität in Düsseldorf wandte er sich besonders den Werken Georg Büchners und Heinrich Heines zu: 1980 - 1986 als wissenschaftlicher Redakteur der Historisch-Kritischen Heine-Ausgabe, 1986-1990 als Bearbeiter eines Bandes dieser Ausgabe. Seit seiner Promotion 1984 ist er wissenschaftlicher Mitarbeiter des Heinrich-Heine-Instituts, Düsseldorf, und freier Autor.

Er veröffentlichte Bücher, schrieb Beiträge für Zeitschriften und Tageszeitungen, Essays und Kritiken für Rundfunkanstalten. Dazu kamen die dramaturgische Mitarbeit an Theaterinszenierungen, Vorträge und Seminare.

Publikationen in Auswahl:

Georg Büchner. Biographie, Metzler Verlag 1993
Heinrich Heine. Shakespeares Mädchen und Frauen. Kleinere literaturkritische Schriften, Verlag Hoffmann und Campe 1993
Grenzgänger. Der Schriftsteller Werner Steinberg, Verlag Häusser 1993
Heinrich Heine. Eine Biographie (zusammen mit Michael Werner), Verlag Kiepenheuer und Witsch 1997

Jüngste Veröffentlichungen:

Heinrich Heine. (zus. mit Michael Werner), Deutscher Taschenbuch Verlag 2002 (dtv portrait 31058)
Heiner Müller oder das Prinzip Zweifel. Eine Biographie, Aufbau Taschenbuch Verlag 2003
Georg Büchner, Rowohlt Taschenbuch Verlag 2004 (rororo monographie)
Leben Sie wohl und hole sie der Teufel. Heinrich Heine. Biografie in Briefen, Aufbau Verlag 2005
Heine-Kalender 2006, Verlag Hoffmann und Campe 2005
Heinrich-Heine-Liederbuch. Noten, Texte, Kommentare (hrsg. zus. mit Babette Dorn), Verlag Hoffmann und Campe 2005
Heinrich Heine. Der Tag ist in die Nacht verliebt. Gedichte, Deutscher Taschenbuch Verlag 2005 (dtv 13390)
Mit scharfer Zunge. 999 Aperçus und Bonmots, Deutscher Taschenbuch Verlag (dtv 13392)
Heinrich Heine für Große und Kleine. Mit Bildern von Reinhard Michl, Deutscher Taschenbuch Verlag 2005 (dtv 13391)

Der Meisterkoch

Jean-Claude Bourgueil wurde am 1. Mai 1947 in Sainte Maure de Touraine, Frankreich, geboren. 1960-1963 absolvierte er eine Kochlehre im Loire-Tal und arbeitete danach in sämtlichen Regionen Frankreichs, um die heimische Küche kennenzulernen. Nach Beendigung der Militärzeit ging er für zwei Jahre nach Madrid in das Restaurant »Horcher«.

1970 kommt er erstmals nach Deutschland und sogleich in die Heinrich-Heine-Stadt Düsseldorf. Als die »Walliser Stuben« unter seiner Leitung 1974 den zweiten Michelin-Stern erhalten, wagt er 1977 den Schritt in die Selbständigkeit und übernimmt das Restaurant »Im Schiffchen« in Düsseldorf-Kaiserswerth. Bereits im Jahre 1979 erkocht er sich dort den 1. Michelin-Stern; 1983 folgt der zweite, von den Auszeichnungen für die besten Wein- und Spirituosenkarten 1984 und 1985 ganz abgesehen.

1986 wird das »Schiffchen« in die obere Etage verlegt und erhält mit dem 3. Michelin-Stern 1987 die königliche Weihe; im Erdgeschoß wird mit dem »Aalschokker« ein Schlemmerlokal für gehobene deutsche Küche eingerichtet. 2002 tritt an seine Stelle »Jean-Claude's Bistro«, wo der Meister seiner ungebrochenen

Kreativität huldigen und jeder vom Studenten bis zum Millionär sich an französischen, mediterranen und asiatischen Genüssen erfreuen kann – zu moderaten Preisen und in modernem Ambiente.

Wer immer sich diesen Genuß in der Heine-Stadt in dem wunderschönen alten Haus auf dem Kaiserswerther Markt 9 bei dem berühmtesten Koch in deutschen Landen vergönnen will, sollte vielleicht reservieren unter Tel. 0211/40 10 50 – Fax 0211/40 36 67.
Sonntag und Montag sind beide Restaurants geschlossen.

Dann pflegt der geniale Kochkünstler der Ruhe oder kreiert gerade neue Gerichte, wie er dies freundlicherweise für dieses Buch getan hat. Nicht gegen schnöden Mammon, sondern als langjähriger Bewunderer von Heinrich Heine, einem Bruder im Geiste. Dies bestätigt eindrucksvoll die Verleihung des Ordens der Ehrenlegion 2004 von seinem französischen Vaterland.

Die Rezepte

… rührend inniger, und doch zugleich tiefsinnlicher Sellerieduft
Geräucherter Saibling mit Sellerie-Apfelsalat und Meerrettichcreme 16

… wonach einem das Herzchen vor Liebe puppert
Hummer in Vinaigrette mit Staudensellerie 30

… ein Regen von Zitronensaft Soll thauig sie begießen
Austern in Kartoffeln und Kaviarsauce 34

… diese aber schmeckten köstlich
Gebratene Forelle mit Suppengemüse und Nußbutter 44

… damals meine harmlose Lieblingsspeise
Kalbsfüße à la Maître d'hotel 50

… lieblich dampfende Apfeltörtchen 1
Apfeltörtchen aus dem Topf 96

… lieblich dampfende Apfeltörtchen 2
Apfelmus-Törtchen mit Vanillesauce 98

… Liebe, Wahrheit, Freyheit und Krebssuppe
Krebssuppe 100

… Argumente von Rinderbraten mit Knödelgründen
Sauerbraten mit Rosinensauce 122

Schalet-Rezept von Vera Stutz-Bischitzky 88

Die Abbildungen

8 Sir Joshua Reynolds (1723-1792), *Der Gürtel der Venus,* 1788. Eremitage, St. Petersburg.

11 Eugène Delacroix (1798-1812), *Le 28 juillet 1830: la liberté guidant le peuple,* 1830. Louvre, Paris.

12 Sir Edward John Poynter (1836-1919), *Portrait of Mrs J. P. Heseltine*, 1872.

13 Théodore Chassériau (1819-1856), *Portrait de Mlle de Cabarrus,* 1848. Museé des Beaux-Arts, Quimper.

14 Sebastiano del Piombo, genannt Sebastiano Luciani (1485- 1547), *Weibliches Bildnis (»La Fornarina«),* Uffizien, Florenz.

15 Jan Siberechts (1627-1703), *Die Hirtin,* 1666. Sammlung S. W. Scheremetjew, St. Petersburg.

18 Karl Grünwedel (1815-1895), *»An Ruha woll'n mer hob'n!«,* 1849.

19 Brüder Suhr, *Englische Landkutsche,* nach 1824.

20/21 Ansichten aus den Weinkellereien des Schlosses Johannisberg im Rheingau, die heute noch besichtigt werden können; Weinetikett des Importeurs Richard Williamson & Co., New York, aus dem Jahr 1822. Freundlicherweise zur Verfügung gestellt von der Weinbau-Domäne Schloss Johannisberg, Schloss Johannisberger Weingüterverwaltung.

23 *Heinrich-Heine-Porträt* von Colla, etwa 1825.

25 Peter Suhr, *Der Jungfernstieg in Hamburg,* um 1831. Staatsarchiv Hamburg.

27 Stadtansicht von Rüdesheim aus der Zeit um 1830. Freundlicherweise zur Verfügung gestellt von Rolf Göttert, Stadtarchivar Rüdesheim am Rhein.

28 Pieter Bruegel d. Ä. (um 1525/30-1569), *Das Schlaraffenland* (Ausschnitt), 1567. Alte Pinakothek, München. Foto: Joachim Blauel, Artothek.

33 F. A. Calau, *Die Börse mit der Aussicht nach dem neuen Packhof, dem Badehaus und der Friedrichsbrücke* (in Berlin), 1831. Staatliche Museen zu Berlin - Preußischer Kulturbesitz.

37 Arnold Böcklin (1827-1901), *Ideale Frühlingslandschaft,* 1870/71. Bayerische Staatsgemäldesammlungen Schack- Galerie, München.

38 Ansicht des Hotel-Restaurants »Goldene Krone« in Clausthal-Zellerfeld. Freundlicherweise zur Verfügung gestellt von der Inh.-Familie Gehrke.

39 Anonym, *Maskenball in der Pariser Oper,* um 1830-40. Bibliothèque Nationale de France, Paris.

41 Joseph Wilms (1814-1892), *Stilleben mit Austern,* 1846/47.

43 André Gorse, *Ansicht von Cauterets in den Pyrenäen.* Heinrich-Heine-Institut, Düsseldorf.

47 Alfred Edward Emslie (1848-1918), *Dinner at Haddo House,* 1884.

49 *Ludwig Börne,* 1827, Lithographie nach dem Gemälde von Moritz Oppenheim (1800-1882). Heinrich-Heine-Institut, Düsseldorf.

52/53 Jan Weissenbruch (1822-1880), *Straße in einer holländischen Stadt.* Eremitage, St. Petersburg.

54 Jan Steen (1626-1679), *Das Bohnenfest,* 1668. Staatliche Museen Kassel.

55 Carl Wilhelm Hübner (1814-1879), *Die drei Temperamente,* 1845. Rheinisches Landesmuseum, Bonn.

58 Jeremias van Winghe (1578-1645), *Küchenstilleben,* 1615. Sotheby's Monaco.

61 Frederick Walker (1840-1875), *A Fishmonger's Shop.* Lady Lever Art Gallery, Port Sunlight.

62 Fritz Overbeck (1869-1909), *Im Moor,* gegen 1904. Neue Pinakothek, München, Artothek.

63 *Mathilde Heine,* nach einem verschollenen Ölgemälde von Alexandre Laemlein, um 1870. Heinrich-Heine-Institut, Düsseldorf.

64 Lehrtafeln für Kinder, Tab. I. Bürgerliches Interieur, um 1840. Verlag Schneider, Esslingen.

65 Pieter Bruegel d. Ä. (um 1525/30-1569), *Das Schlaraffenland* (Ausschnitt), 1567. Alte Pinakothek, München. Foto: Joachim Blauel, Artothek.

66 Adriaen van Ostade (1610-1685), *Ansicht.* Eremitage, St. Petersburg.

69 Giuseppe Maria Crespi (1665-1747), *Die Küchenmagd,* 1720. Palazzo Pitti, Florenz.

71 Heinrich Jessen, *Ansicht von Hamburg vor dem Brande vom 5ten Mai 1842.* Heinrich-Heine-Institut, Düsseldorf.

72 Gottfried von Wedig, *Prunkmahlzeit,* um 1630.

73 Otto Speckter (1807-1871), *Salomon Heine,* 1842. Heinrich-Heine-Institut, Düsseldorf.

75 *Lamartine à l'Hôtel de Ville, 15 Février 1848.* Verlag A. Dembour & Gangel, Metz. Musée Carnavalet, Paris.

76 Johann Ludwig Bleuler (1792-1850), *Ansicht des Loreley-Felsens bei St. Goarshausen,* um 1840. Heinrich-Heine- Institut, Düsseldorf.

77 P. A. Pau de Saint-Martin, *La porte Saint-Denis et le boulevard de Bonne Nouvelle.* Musée Carnavalet, Paris.

78/79 Anonym, *Passage des Panoramas,* 1810. Musée Carnavalet, Paris.

80 Jacques-Louis David (1748-1825), *Madame Récamier,* 1800. Louvre, Paris.

82 *Café-Restaurant des frères provençaux* (in Paris), Lithographie nach einer Zeichnung von Chapuy, 1846. Bibliothèque Nationale de France, Paris.

85 Johann Andreas Graff (1637-1701), *Der Römerberg in Frankfurt am Main,* um 1685. Historisches Museum Frankfurt am Main.

86 Westend-Synagoge, Frankfurt am Main. Foto: Klaus Meier-Ude, Frankfurt am Main.

90 Passah-Teller mit Darstellung einer Seder-Szene, Mitte des 19. Jahrhunderts, Jüdisches Museum Budapest.

91 Illustration aus der Von Geldern Haggadah, 1695. (©The Frank Family, San Francisco und London.)

92 Jan Davidsz. de Heem (1606-1683/84), *Stilleben mit Blumen und Früchten* (Ausschnitt). Palazzo Pitti, Florenz.

93 *Düsseldorf, Heinr. Heine's Geburtshaus.* Bildpostkarte um 1900. Heinrich-Heine-Institut, Düsseldorf.

94 Thomas Rowlandson (1756-1827), *Marktplatz in Düsseldorf* (Mit dem Reiterstandbild des Kurfürsten Johann Wilhelm), 1791. Stadtmuseum Düsseldorf.

95 Johann Ziegler (1750-1812) nach Lorenz Janscha (1749-1812), *Die Stadt Düsseldorf,* vor 1794. Heinrich-Heine-Institut, Düsseldorf.

102 Isidor Popper (1816-1884), *Betty Heine,* um 1840. Dauerleihgabe des Stadtmuseums Düsseldorf, Heinrich-Heine-Institut, Düsseldorf.

103 Brief an die Mutter, Pierpont Morgan Library, New York.

105 Honoré Daumier (1810-1879), *Karikatur von Victor Hugo.* In: Le Charivari, 6. 9. 1849.

107 *Das Brockenhaus auf dem Blocksberg,* Stahlstich um 1840. (©Bildarchiv Preußischer Kulturbesitz, Berlin)

110 Mary Cassatt (1845-1926), *Der Tee,* um 1880.

113 Jean-Honore Fragonard (1732-1808), *Der geraubte Kuß.* Eremitage, St. Petersburg.

114/ Ansichten aus dem Bremer Ratskeller. Freundlicherweise zur Verfügung gestellt von Carl-Joseph Kroetz,
115 Ratskellermeister.

117 Hieronymus Bosch (um 1450-1516), *Das Jüngste Gericht* (Ausschnitt), Galerie der Akademie der bildenden Künste, Wien.

119 Historische Postkarten-Ansicht des Schaumburger Hofes, ehemals Gasthof Unter den Linden. Eine der ältesten Schankstätten Bonns (eröffnet am 21. März 1755 in Plittersdorf), in der der Student Heine ein oftgesehener Gast war. Das Bild wurde freundlicherweise von den Familien Eichholz und Mürtz zur Verfügung gestellt, die das Haus seit 1996 führen.

121 Anonym, *Caricature of the Other Club.* Chartwell, Kent.

135 A. Werl (nach einer Zeichnung von Abeille), Grabmal Heines auf dem Friedhof Montmartre in seinem ursprünglichen Zustand, 1901. Heinrich-Heine-Institut, Düsseldorf.